高等院校学前教育专业系列教材

舞蹈（第2版）

李 哲 张 利 主编
胡 隽 白国芬 副主编

清华大学出版社
北京

内容简介

本书根据《国务院关于当前发展学前教育的若干意见》及教育部《3—6岁儿童学习与发展指南》《幼儿园教育指导纲要(试行)》精神,结合师资能力培养要求,系统介绍舞蹈、芭蕾舞、古典舞、民族舞、幼儿舞蹈与教学、幼儿舞蹈创编、幼儿音乐剧及排练方法等知识,并通过教学案例分析和实践训练,提高学生的应用技能。

本书具有知识性、趣味性和可操作性,注重遵照幼儿舞蹈教学规律编排,既可以作为高等院校和各类职业院校学前教育专业幼儿舞蹈课程的教材,也可以用于幼儿园舞蹈教师的在职岗位培训,并可为广大家长辅导幼儿学习舞蹈提供指导。

本书封面贴有清华大学出版社防伪标签,无标签者不得销售。
版权所有,侵权必究。举报:010-62782989,beiqinquan@tup.tsinghua.edu.cn。

图书在版编目(CIP)数据

舞蹈/李哲,张利主编. —2版. —北京:清华大学出版社,2021.9
高等院校学前教育专业系列教材
ISBN 978-7-302-56821-6

Ⅰ. ①舞… Ⅱ. ①李… ②张… Ⅲ. ①学前教育—儿童舞蹈—高等学校—教材 Ⅳ. ①G613.5

中国版本图书馆 CIP 数据核字(2020)第 217388 号

责任编辑:王剑乔
封面设计:常雪影
责任校对:赵琳爽
责任印制:刘海龙

出版发行:清华大学出版社
网　　址:http://www.tup.com.cn,http://www.wqbook.com
地　　址:北京清华大学学研大厦A座　　邮　编:100084
社 总 机:010-62770175　　邮　购:010-62786544
投稿与读者服务:010-62776969,c-service@tup.tsinghua.edu.cn
质量反馈:010-62772015,zhiliang@tup.tsinghua.edu.cn
课件下载:http://www.tup.com.cn,010-83470410

印 装 者:三河市少明印务有限公司
经　　销:全国新华书店
开　　本:185mm×260mm　　印　张:12　　字　数:269 千字
版　　次:2015 年 5 月第 1 版　2021 年 9 月第 2 版　印　次:2021 年 9 月第 1 次印刷
定　　价:39.00 元

产品编号:087478-01

高等院校学前教育专业系列教材

主　任：牟惟仲

副主任：林　征　张　征　胡国良　魏国福　张利　张建国
　　　　田小梅　黄中军　孟红霞

编　委：白国芬　马继兴　王　洋　姚　欣　李哲　王　焕
　　　　王文萍　胡　隽　王乃换　罗　莲　林群　何明龙
　　　　王瑞春　丁凤红　王　晶　商艳玲　刘丽嘉　李　叶
　　　　邹　蓉　崔文杰　谭　晓

秘　书：李大军

序 言

　　学前教育是终身学习的开端,是国民教育体系的重要组成部分。办好学前教育关系到亿万儿童的健康成长,关系到千家万户的切身利益,关系到社会和谐,也关系到国家和民族的未来。因此,学前教育得到国家各级政府、社会培训机构和广大家长的高度重视。

　　学前教育涉及幼儿生理、心理、智力、语言、行为、美术、音乐等各个方面,是综合性非常强的跨专业学科,对于幼儿园教师和社会各类幼儿培训机构从业者,是必须掌握的关键知识技能和应该具备的工作能力。随着国家全民素质教育工程的启动和实施,随着我国幼儿教育事业的迅猛发展,社会各方面对幼儿学前教育教师的要求也越来越高。

　　为了加强对学前教育工作和学前教师的管理,我国政府自1990—2012年,相继制定实施了《幼儿园管理条例》《幼儿园教育指导纲要》《幼儿园教师专业标准》《幼儿园工作规程》等管理规定,教育部出台的《3—6岁儿童学习与发展指南》,以规范学前教育行为、强化学前教育教师培养、提高学前教育质量。

　　2018年,国务院发布了《国务院关于学前教育深化改革规范发展的若干意见》(以下简称《意见》),《意见》中就公众关心的"入园难、入园贵"问题,明确提出"到2035年,全面普及学前三年教育"的目标。这就意味着未来10～15年将是我国幼儿园数量增长的加速期。

　　幼儿园数量的极速增加将再次扩大学前教育人才缺口,为加强学前教育师资队伍建设,《意见》同时提出,"完善教师培养体系,办好一批幼儿师范专科学校和若干所幼儿师范学院,支持师范院校设立并办好学前教育专业。"这对各类本科、高职高专院校的学前教育专业来说是一个加速发展的新契机,但同时《意见》也对学前教育专业的教育教学质量提出了更高、更新的要求。

　　为此,我们组织首都师范大学、北京教育学院、唐山师范学院、北京朝阳社区学院、郑州幼儿师范高等专科学校、北京石景山社区学院、哈尔滨师范大学、北京联合大学、河北科技大学、北京宣武社区学院、北京东城职业学院、北京城市学院、北京西城经济科学大学等10多所高等院校,多年从事学前教育教学的专家教授和幼儿园专职教师共同精心编写了本系列教材,旨在严格规范幼儿学前教育与教学,更好地为我国学前教育事业服务。

　　本系列教材根据《中华人民共和国教育法》规定的国家教育方针,全面贯彻党的学前教育要求,以高等院校大学本科、高职高专等各类职业教育院校学历教育为主,兼顾幼儿园、社会幼儿教育机构在职岗位培训,并为参加学前教育专业资格取证考试人员提供

参考辅导。本系列教材包括《幼儿学前教育》《幼儿心理与行为》《舞蹈》《幼儿舞蹈欣赏与创编》《幼儿英语》《幼儿歌曲编配与弹唱》《幼儿美术基础》《幼儿手工制作》《幼儿音乐剧》《幼儿歌曲编配与弹唱》等。

  本系列教材融入了学前教育最新的实践教学理念，坚持科学发展观，力求严谨，注重与时俱进；在吸收国内外幼儿教育权威专家学者最新科研成果的基础上，依照幼儿学前教育所涉及的领域和施教规律，全面贯彻国家新近颁布实施的《国务院关于学前教育深化改革规范发展的若干意见》等幼儿教育法规及管理规定；注重结合幼儿教学遇到的各种问题，突出培养学生的创新精神和实践应用能力，并注重教学内容和教材结构的创新。

  本系列教材的出版对幼儿学前教育开展优质优教，帮助学前教育专业学生加强素质培养、提高教学能力具有特殊意义。

牟惟仲
2021 年 2 月

前言（第2版）

舞蹈既属于高雅艺术，也覆盖全民大众。无论是针对哪一个年龄层次的学习者，舞蹈教育都具有非常重要的实际意义。舞蹈集音乐、美术、语言、表演等艺术形式于一体，是一种综合性很强的教育形式。舞蹈不仅可以提高学习者的舞蹈水平，也能够帮助学习者提高审美能力，培养高尚的思想道德情操，还可以起到强身健体的作用。

随着国家全民素质教育工程的启动实施和不断深化，舞蹈教育已经成为各层次教育中一个必不可少的环节，发挥着不可替代的作用。

幼儿舞蹈既是高等院校学前教育专业中非常重要的专业课程，也是幼儿园和社会各类幼儿舞蹈培训从业者所必须掌握的关键技能。随着我国幼教事业的迅猛发展，社会各方面对幼儿舞蹈教师的要求也越来越高。为此，我们组织了多年从事学前教育幼儿舞蹈教学的专家教授和幼儿园专职舞蹈教师共同精心编写了此教材。本书的出版对规范幼儿舞蹈教学，更好地服务于我国学前教育具有重要的意义。

本书自2015年出版以来，因写作质量高、突出学生应用能力培养，而深受全国各高等院校广大师生的欢迎，目前已经多次重印。此次再版，作者审慎地对原教材进行了反复论证、精心设计，包括结构调整、更新补充新知识、增加实践技能训练等，以使其更贴近实际教学，更符合社会发展，更好地为我国学前教育教学实践服务。

本书作为学前教育专业的特色教材，坚持以科学发展观为统领，严格按照教育部关于"加强职业教育、突出应用能力培养"的教育教学改革要求，结合学前教育幼儿舞蹈教学的实际特点，既注重理论知识、教学方法的讲授，又加强形体、舞蹈动作规范化的训练，还关注身体健康、心理调节、舞姿形态锻炼等人文素养的提高，并注重教材结构、内容编排的创新。

全书共7章，以学习者应用能力培养为主线，根据《关于学前教育深化改革规范发展的若干意见（2018年）》的要求和教育部《3—6岁儿童学习与发展指南》《幼儿园教育指导纲要（试行）》精神，结合师资能力培养目标，按照幼儿舞蹈施教规律，系统介绍舞蹈、芭蕾舞、古典舞、民族舞、幼儿舞蹈、幼儿舞蹈创编、幼儿舞蹈教学、幼儿音乐剧及排练方法等知识，并通过教学案例分析、实践训练，以提高应用技能与实践能力。

由于本书融入了学前教育幼儿舞蹈的较新实践教学理念，力求严谨，注重与时俱进，具有知识性、趣味性、应用性、操作性，注重遵照幼儿舞蹈教学规律，因此，本书既可以作为高等院校和各类职业院校学前教育专业幼儿舞蹈课程的教材，也可以用于幼儿园舞蹈

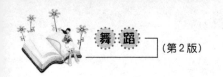

教师的在职岗位培训,并可为广大家长辅导幼儿学习舞蹈提供有益的指导。

本书由李大军统筹策划并具体组织,李哲和张利为主编,李哲统改稿,胡隽、白国芬为副主编;由幼儿舞蹈专家张征教授审定。作者写作分工:牟惟仲(序言),白国芬(绪论、第一章),刘丽嘉(第二章),胡隽(第三章),张利(第四章),李哲(第五章、第六章),张美玉(附录),李晓新(文字和版式修改、制作教学课件)。

为了配合教学,本书备有电子课件,读者可以从清华大学出版社网站(www.tup.com.cn)免费下载使用。因作者水平有限,书中难免存在不足之处,恳请专家和广大读者批评指正。

编 者

2021 年 5 月

目 录

绪论 走进舞蹈..1
    一、舞蹈的定义..1
    二、舞蹈基础知识..2

第一章 芭蕾舞..10
  【知识篇】..10
    一、芭蕾舞的起源..10
    二、芭蕾舞的发展..10
    三、芭蕾舞进入中国..12
  【实践篇】..12
    一、芭蕾舞的手型、脚型..12
    二、芭蕾舞的手位、脚位..13
    三、芭蕾舞组合..16

第二章 中国古典舞蹈..19
  【知识篇】..19
    一、中国古典舞的定义..19
    二、中国古典舞的特点..20
  【实践篇】..20
    一、中国古典舞的手型、脚型..20
    二、中国古典舞的手位、脚位..23
    三、中国古典舞的基本动作..26
    四、学习中国古典舞组合..29

第三章 中国民族民间舞..35
  第一节 汉族舞蹈..35
    【知识篇】..35
      一、汉族的文化、服饰及风土人情......................................35

二、汉族舞蹈的风格特点及种类 ································· 36
　【实践篇】 ································· 38
　　一、学习东北秧歌的基本动作 ································· 38
　　二、学习东北秧歌组合 ································· 41

第二节　藏族舞蹈 ································· 44
　【知识篇】 ································· 44
　　一、藏族的文化、服饰及风土人情 ································· 44
　　二、藏族舞蹈的风格特点及种类 ································· 45
　【实践篇】 ································· 46
　　一、学习藏族舞蹈的基本动作 ································· 46
　　二、学习藏族舞蹈组合 ································· 48

第三节　蒙古族舞蹈 ································· 55
　【知识篇】 ································· 55
　　一、蒙古族的文化、服饰及风土人情 ································· 55
　　二、蒙古族舞蹈的风格特点及种类 ································· 56
　【实践篇】 ································· 56
　　一、学习蒙古族舞蹈的基本动作 ································· 56
　　二、学习蒙古族舞蹈组合 ································· 59

第四节　维吾尔族舞蹈 ································· 68
　【知识篇】 ································· 68
　　一、维吾尔族的文化、服饰及风土人情 ································· 68
　　二、维吾尔族舞蹈的风格特点及种类 ································· 69
　【实践篇】 ································· 70
　　一、学习维吾尔族舞蹈的基本动作 ································· 70
　　二、学习维吾尔族舞蹈组合 ································· 73

第四章　幼儿舞蹈 ································· 77
　【知识篇】 ································· 77
　　一、幼儿舞蹈的意义 ································· 77
　　二、幼儿舞蹈的特点 ································· 82
　　三、幼儿舞蹈的种类 ································· 83
　　四、幼儿舞蹈的特征 ································· 85
　【实践篇】 ································· 86
　　一、学习儿童基本舞步 ································· 86
　　二、学习儿童舞组合 ································· 89

第五章　幼儿音乐剧ㆍㆍㆍ 101

【知识篇】ㆍㆍㆍ 101

一、什么是音乐剧ㆍㆍㆍ 101

二、音乐剧的起源与发展ㆍㆍㆍ 102

三、幼儿园开展音乐剧教育的意义ㆍㆍㆍㆍㆍㆍㆍㆍㆍㆍㆍㆍㆍㆍㆍㆍㆍㆍㆍㆍㆍㆍㆍㆍㆍㆍㆍㆍㆍㆍㆍㆍㆍ 103

【实践篇】ㆍㆍㆍ 105

一、幼儿音乐剧创编ㆍㆍ 105

二、幼儿音乐剧的排练方法ㆍㆍㆍ 106

三、幼儿音乐剧教学案例ㆍㆍ 107

第六章　幼儿舞蹈创编与教学ㆍㆍㆍ 139

【知识篇】ㆍㆍㆍ 139

一、幼儿舞蹈创编ㆍㆍ 139

二、幼儿舞蹈教学ㆍㆍ 147

【实践篇】ㆍㆍㆍ 149

一、幼儿游戏舞蹈创编ㆍㆍ 149

二、幼儿即兴舞蹈创编ㆍㆍ 153

三、幼儿音乐律动创编ㆍㆍ 156

四、教案的具体内容及写法ㆍㆍㆍ 159

五、教案实例ㆍㆍㆍ 160

附录　3—6岁儿童学习与发展指南——艺术领域ㆍㆍㆍㆍㆍㆍㆍㆍㆍㆍㆍㆍㆍㆍㆍㆍㆍㆍㆍㆍㆍ 173

参考文献ㆍㆍㆍ 177

绪 论

走进舞蹈

学习导语

舞蹈是艺术的一种形式,艺术包括美术、音乐、舞蹈、戏剧等种类。舞蹈伴随着人类的文明诞生。从远古时代的环舞到现在公园里的广场舞,人们热爱舞蹈,舞蹈无处不在。通过本章的学习可以了解舞蹈的定义、起源、种类、舞蹈与其他艺术门类的区别,以及舞台的基本方位和队形等,为今后学生的幼儿园舞蹈教学奠定必要的基础,提高他们的审美能力,开阔眼界。

教学目标

(1) 了解舞蹈的基础知识。
(2) 了解舞蹈的种类和起源。
(3) 熟悉舞台的基本方位和队形变化。

一、舞蹈的定义

清晨当你漫步在街心公园的时候,晚间当你光顾各大剧院的时候,闲暇之余当你参加各种各样的训练班学习的时候,无处不能感受到舞蹈的魅力;无论是随着锣鼓点扭秧歌的中老年人,还是青春时尚的年轻人,甚至活泼可爱的孩子,人们都对舞蹈这一艺术形式情有独钟。

那么,舞蹈到底是什么呢?

明代朱载堉在《乐律全书·吕律精义》中说道:"情动于中而形于言,言之不足故嗟叹之;嗟叹不足故歌咏之;歌咏之不足,不知手之舞之足之蹈之。"意思是说,感情从心中产生,就会用语言表达出来,语言不足以表达这种感情的时候,就会反复感叹;反复感叹也不足以表达这种感情的时候,就会歌唱咏叹;歌唱咏叹也不足以表达这种感情的时候,就会不知不觉地、情不自禁地手舞足蹈起来。

舞蹈在辞海中是这样解释的——舞蹈是艺术的一种,以经过提炼、组织和艺术加工的人体动作为主要表现手段,表达人们的思想感情,反映社会生活。其基本要素是动作姿态、节奏和表情。

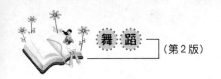

舞蹈起源于劳动,与诗歌音乐结合在一起,是人类历史上最早产生的艺术形式之一。世界许多民族都有各具独特风格的舞蹈,其中民间舞蹈占主要地位。舞蹈能鲜明地反映出人们不同的思想、信仰、生活理想和审美要求,既是供人欣赏和娱乐的艺术形式,也具有宣传教育的社会作用。

简单地说,舞蹈表现的是人的肢体动作,而且是经过提炼、加工和美化了的肢体动作。同样属于肢体动作范畴的艺术还有杂技、哑剧、人体雕塑、韵律操等。然而,舞蹈与其他肢体动作不同,它是以舞蹈动作为表现手段,表达人们深刻的思想、细腻的情感、鲜明的性格,以及人与自然、人与社会、人与人之间和人自身内部的矛盾冲突,反映社会生活。

二、舞蹈基础知识

(一) 舞蹈的起源

据艺术史学家的考证,人类最早产生的艺术就是舞蹈。在远古人类尚未产生语言以前,人们就用动作、姿态和表情来传达各种信息和进行情感、思想的交流。以后由各种声音发展成为语言和音调以后,才相继产生了诗歌和音乐。

在劳动中,由于制造工具,人的手逐渐变得灵巧起来,又诞生了绘画和雕刻。随着人类的进化,思维能力和认识水平的提高,曲艺、小说、戏剧等艺术才相继被创造出来。

舞蹈作为一种古老的艺术,它的源头来自哪里呢?

1. 模仿

有的学者认为,人有模仿的本能,舞蹈是人用有节奏的动作对各种野兽动作和习性的模仿。有些舞蹈还是对一些自然景物动态形象的模仿,如柳枝的摇曳、海浪的翻滚、风的飘荡旋转等。

2. 游戏

也有学者认为,在艺术的起源中,模仿虽然重要,但还不是真正的起因,艺术的起因是"游戏的冲动",游戏也是人类最终脱离动物界的标志,如人模仿动物的舞蹈,就是通过这种假想的游戏来获得快乐和宣泄自己的情感。

3. 宗教祭祀

还有学者认为,由于原始人的思维分不清主客观的界线,认为一切自然物都和自己一样是有灵魂的,由此而产生了图腾崇拜、原始宗教、巫术等,而这些活动都离不开舞蹈,甚至舞蹈是巫术活动的主要内容和表现手段。因此,有人断言"一切跳舞起源于宗教"。

4. 性爱情感

不少学者认为,原始人为了生存的需要,把繁衍下一代看作是非常重要的事情,而舞蹈是择偶、求婚和进行情爱训练的主要方式和手段,因此,认为舞蹈起源于性爱活动。而有的学者认为,舞蹈不仅表现人的情爱,人们的各种激越的情感、生活中有重大意义的活动,都会通过舞蹈来表现。

5．劳动

我国有很多学者认为，舞蹈起源于劳动。劳动使人脱离了动物界，劳动创造了人本身，劳动创造了人类社会，因此，劳动是人类生存和发展的第一需要。在原始人的舞蹈中，狩猎和种植以及各种劳动生活的情景占的比重最大。

舞蹈各种起源的理论都有一定的道理，但又都不十分完整和全面，所以人们主张"劳动综合论"，即舞蹈起源于远古人类劳动生产（狩猎、农耕）、性爱、健身和战斗操练，以及图腾崇拜、巫术宗教祭祀等活动。

正如世界上一切事物的构成都不是单一的一样，舞蹈的起源也存在多种因素。它是人类生活中的一种社会现象，它和诗歌、音乐结合在一起，是人类历史上最早产生的艺术形式。

（二）舞蹈的种类

舞蹈与其他艺术形式一样，存在着不同的种类、不同的样式、不同的风格，因而舞蹈的分类也是多角度的。

1．根据作用和目的分类

根据作用和目的分类，舞蹈可分为生活舞蹈和艺术舞蹈两大类。生活舞蹈是人们为自己的生活需要而进行的舞蹈活动；艺术舞蹈则是为了表演给观众欣赏的舞蹈。

2．根据风格特点分类

根据风格特点分类，舞蹈可分为古典舞蹈、民间舞蹈、现代舞蹈、新创作舞蹈（当代舞蹈）和芭蕾舞。

（1）古典舞蹈

世界上许多国家和民族都有各具独特风格的古典舞蹈。芭蕾舞便是欧洲古典舞蹈的代表。中国古典舞蹈是在中国民族民间舞蹈的基础上，经过历代专业工作者的提炼、整理、加工、创造，并经过较长期艺术实践的检验而流传下来的，被认为是具有一定典范意义和古典风格特点的舞蹈。

（2）民间舞蹈

民间舞蹈是由广大人民群众在长期历史进程中集体创造，不断积累、发展而形成的，并在群众中广泛流传的一种舞蹈形式。它直接反映人民群众的思想感情、理想和愿望。由于各国家、各民族、各地区人民的生活劳动方式、历史文化心态、风俗习惯，以及自然环境的差异，因而形成了不同的民族风格和地方特色。

（3）现代舞蹈

现代舞蹈是19世纪末20世纪初在欧美兴起的一种舞蹈流派。其主要美学观点是反对当时古典芭蕾的因循守旧、脱离现实生活和单纯追求技巧的形式主义倾向；主张摆脱古典芭蕾过于僵化的动作程式的束缚，以合乎自然运动法则的舞蹈动作，自由地抒发人的真实情感，强调舞蹈艺术要反映现代社会生活。

（4）新创作舞蹈（当代舞蹈）

新创作舞蹈是根据表现内容和塑造人物的需要，不拘一格，借鉴和吸收各舞蹈流派

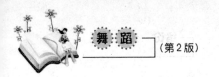

的各种风格、各种舞蹈表现手段和表现方法,兼收并蓄地为我所用,从而创作出不同于已经形成的各种舞蹈的舞蹈。它不同于上述三种风格的舞蹈,它是具有独特新风格的舞蹈。

(5) 芭蕾舞

"芭蕾"这个词本是法语 ballet 的音译,意为"跳"或"跳舞"。它是由法国宫廷的舞蹈大师们创造的,一种融舞蹈动作、哑剧手势、面部表情、戏剧服装、音乐伴奏、文学台本、舞台灯光和布景等多种成分于一体的,经过提炼加工、高度程式化的综合性舞剧形式。

3. 根据表现形式分类

根据表现形式分类,舞蹈可分为独舞、双人舞、三人舞、群舞、组舞、歌舞、歌舞剧、舞剧等。

(1) 独舞

独舞是由一个人表演完成一个主题的舞蹈。多用来直接抒发人物的思想感情和揭示人物的内心世界。

(2) 双人舞

双人舞是由两个人表演共同完成一个主题的舞蹈。多用来直接抒发人物思想感情的交流和展现人物的关系。

(3) 三人舞

三人舞是由三个人合作表演完成一个主题的舞蹈。根据其内容可分为表现单一情绪、表现一定情节,以及表现人物之间的戏剧矛盾冲突三种不同的类别。

(4) 群舞

凡四人以上的舞蹈均可称为群舞。一般多为表现某种概括的情结或塑造群体的形象。通过舞蹈队形、画面的更迭、变化,以及不同速度、不同力度、不同幅度的舞蹈动作、姿态、造型的发展,创造出深邃的诗的意境,具有较强的艺术感染力。

(5) 组舞

组舞是由若干段舞蹈组成的比较大型的舞蹈作品。其中各个舞蹈有相对的独立性,但又都统一在共同的主题和完整的艺术构思之中。

(6) 歌舞

歌舞是一种歌唱和舞蹈相结合的艺术表演形式。其特点是载歌载舞,既善于抒情,又善于叙事,能表现人物复杂、细腻的思想感情和广泛的生活内容。

(7) 歌舞剧

歌舞剧是一种以歌唱和舞蹈为主要艺术表现手段,借以展现戏剧性内容的综合性表演形式。

(8) 舞剧

舞剧是以舞蹈为主要艺术表现手段,并综合了音乐、舞台美术(服装、布景、灯光、道具)等,表现一定戏剧内容的舞蹈作品。

此外,还有许多时尚性的舞蹈,如踢踏舞、爵士舞、街舞、啦啦队舞、热舞劲舞、国际标准交谊舞等。

(三)舞蹈与其他艺术之间的关系

舞蹈是艺术的一种,它与文学、美术、音乐、戏剧、电影、曲艺、杂技等,都是人们喜闻乐见的艺术形式,用于反映社会生活、表达人们的思想感情。

随着人类历史的发展,人们创造了各种各样的艺术形式,这些艺术形式的主要区别在于艺术本身的物质载体和表现手段。

文学的物质载体是语言、文字,主要表现手段是书籍、报刊、杂志等;美术的物质载体是纸张、画布、颜料、油彩,主要表现手段是色彩、线条、构图和造型等。

音乐的物质载体是声音,主要表现手段是人们的演唱、各种乐器演奏等;戏剧的物质载体是人们在舞台上的表演活动,除舞剧外,它的主要表现手段是语言、歌唱和动作等;电影的物质载体是胶片,主要表现手段是放映机在银幕上放映出来;曲艺的物质载体是演员在舞台上的表演,主要表现手段是说和唱。

杂技和舞蹈有着共同的物质载体——人的身体。大多数杂技品种和舞蹈一样,是以人体的动作、姿态造型和构图变化为主要表现手段的,演员也塑造一定的角色。但是杂技不像舞蹈那样着重表现人物情感的发展过程,一般不具有情节事件,具有更多的观赏性和娱乐性。

舞蹈作品中的舞蹈动作也具有一定的技艺性,舞蹈演员要具备跳跃、旋转、翻腾、柔软、控制等高难度的技巧能力。但是,在舞蹈作品中表演高难度的技巧动作本身不是目的,目的在于塑造人物,表现人物的思想感情,刻画人物的性格和精神面貌。

(四)舞台基本方位

在舞台上,为了便于分清不同的方向,特规定了8个方位。面向正前方是1方向,然后依次向右转,每转45°变换一个方向,如图0-1所示。

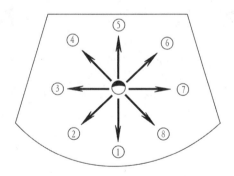

图0-1　45°方位变化

(五)舞台队形及变化

1. 队形

(1)横排,如图0-2所示。

(2)竖排,如图0-3所示。

(3) 斜排,如图0-4所示。

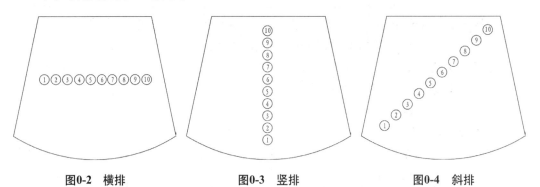

图0-2 横排　　　图0-3 竖排　　　图0-4 斜排

(4) 八字,如图0-5所示。

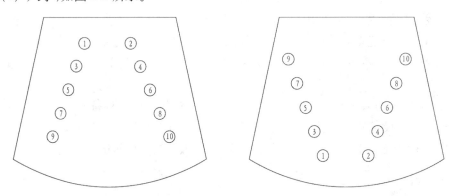

图0-5 八字队形

(5) 三角,如图0-6所示。

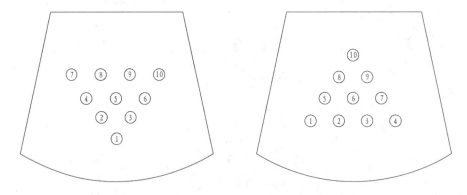

图0-6 三角队形

2．队形变化

(1) 单排变双排（一）,如图0-7所示。
(2) 单排变双排（二）,如图0-8所示。

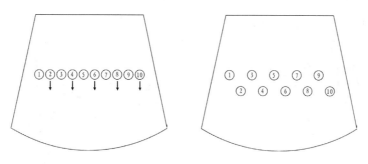

图0-7 单排变双排(一)

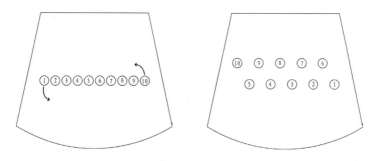

图0-8 单排变双排(二)

(3) 单排变双排(三),如图0-9所示。

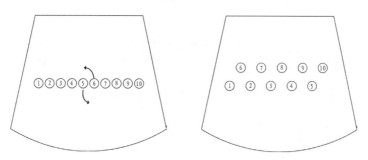

图0-9 单排变双排(三)

(4) 横排变斜排(一),如图0-10所示。

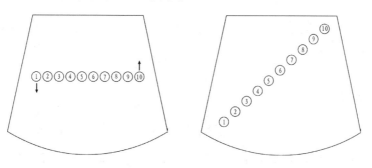

图0-10 横排变斜排(一)

(5) 横排变斜排（二），如图0-11所示。

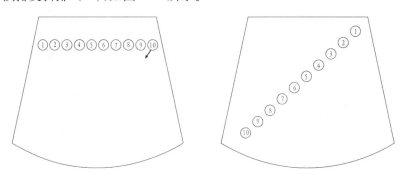

图0-11　横排变斜排（二）

(6) 单行变双行（一），如图0-12所示。

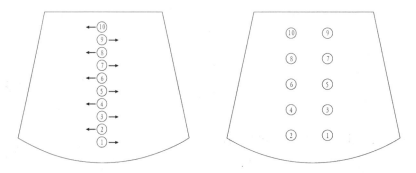

图0-12　单行变双行（一）

(7) 单行变双行（二），如图0-13所示。

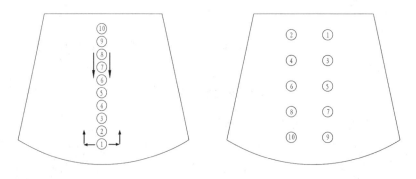

图0-13　单行变双行（二）

绪论小结

舞蹈是什么？

吴晓邦先生在1982年修订再版《新舞蹈艺术概论》时提出"舞蹈是一种人体动作的艺术"；之后在他主编的《中国大百科全书·音乐舞蹈卷》序言中写道："舞蹈，按其本质是人体动作的艺术。从广义上说,凡借着人体有组织、有规律地运动来抒发感情的,都可称为舞蹈。"

 讨论题

1．舞蹈有哪些种类?
2．说一说你对于舞蹈起源的理解。
3．舞蹈队形的变化有哪些?
4．说一说中国民间舞蹈和古典舞的区别与联系。
5．单、双、三人舞的特征分别是什么?

实训课堂

1．请同学们结组,互相提问、练习辨认舞台基本方位。
2．根据所学知识发挥想象力,你还能设计哪些队形及其变化?
3．分别说出芭蕾舞和古典舞的体态特征,并进行演示。
4．收集舞蹈、武术和杂技的优秀作品视频,欣赏并分析它们的相同与不同点。

芭 蕾 舞

　　"芭蕾"是法语 ballet 的译音,它的动作名称也是用法语标注的。它是一种由宫廷职业舞蹈家提炼加工的、高度程式化的、洋溢着贵族气派的剧场舞蹈。在当今世界,芭蕾舞已成为世界性的艺术,遍及全球,被公认为人类文化遗产的重要部分。

　　通过本章的学习,了解芭蕾舞的起源及发展,知道"早期芭蕾""浪漫芭蕾""古典芭蕾""现代芭蕾"和"当代芭蕾",掌握芭蕾舞的手型及脚型,学会芭蕾舞蹈组合。

教学目标

(1) 了解芭蕾舞的基础知识。
(2) 了解芭蕾舞的起源及发展。
(3) 掌握芭蕾舞的手型、脚型及手位、脚位。
(4) 学会芭蕾舞蹈组合。

知识篇

一、芭蕾舞的起源

　　芭蕾舞起源于 15 世纪的意大利。最初发源于意大利民间,15 世纪文艺复兴时期传入宫廷,开始是在宫廷宴会上进行表演的。17 世纪芭蕾传入法国,法国国王路易十四是一位卓绝的舞蹈家,非常喜爱芭蕾表演,他于 1661 年创立了历史上第一所舞蹈学院——法国皇家舞蹈学院。由此确立了芭蕾的 5 个基本脚位、12 个手位和一些舞步,并以法文命名,使芭蕾动作有了一套完整的动作体系。18 世纪芭蕾舞在法国形成第一个高峰。19 世纪芭蕾舞传入俄国,于 19 世纪末期进入繁荣时期。

二、芭蕾舞的发展

　　随着社会的发展,芭蕾舞从俄国走向世界各地,随即在各国形成不同的流派。同时芭蕾舞也逐渐脱离了皇家圈养的温室生态,从宫廷娱乐性舞蹈变成有情节的芭蕾舞步入剧场,演出了带有社会生活内容的舞剧。

芭蕾舞的发展经历了早期芭蕾、浪漫芭蕾、古典芭蕾、现代芭蕾和当代芭蕾五个时期。

1. 早期芭蕾

早期芭蕾（又称前浪漫时期芭蕾）最初只是意大利宫廷贵族宴会上的一种自娱性的表演活动,并没有今天这般程式化的、轻盈灵巧的动作。进入法国后,历经400年的孕育、发展逐渐成熟,特别是随着路易十四告别舞台,芭蕾舞也正式告别了自娱性的艺术阶段,逐渐向高、精、尖的技能,以及优美、高雅的艺术表现形式发展。

早期芭蕾的一个代表人物是让·多贝瓦尔,他是法国的舞蹈表演家、编导家和芭蕾大师。他的代表作是1789年推出的芭蕾舞剧《关不住的女儿》。

2. 浪漫芭蕾

18世纪末至19世纪初期,在法国的巴黎出现了浪漫主义思潮。当时战乱频繁,人们流离失所,尽管环境窘迫,但人们对美好生活却充满了幻想和憧憬。许多艺术家们创造出了大量的、神秘莫测的、超自然境界的艺术作品。浪漫芭蕾在这一历史背景下进入了整个芭蕾史上的黄金时代。

浪漫芭蕾在舞剧题材上创造的"童话神话"取向,在审美观念上奠定的"轻盈飘逸"理想,在动作指向上确立的"垂直向上"习惯,在服装风格上形成的"白色纱裙"模式,对后世各个时期的芭蕾从训练到创作、从表演到观赏,产生了全方位和决定性的影响,因而成为整部芭蕾发展史上的核心阶段。[①]

浪漫芭蕾的代表作品有:《仙女》（1832）、《吉赛尔》（1841）和《葛蓓莉娅》（1870）等。

3. 古典芭蕾

古典芭蕾是继浪漫芭蕾之后,形成于19世纪下半叶的圣彼得堡和莫斯科,是整部芭蕾史上的鼎盛时期。它集意大利和法兰西两大流派之大成,形成了新的学派——俄罗斯学派。这一时期的作品很多,具有代表性的作品有《天鹅湖》（1895）、《睡美人》（1890）、《胡桃夹子》（1892）等,体现了俄罗斯民族特有的气势宏大、动作凝重、精力过人、喜剧性强等艺术特征。

在古典芭蕾时期,被誉为"古典芭蕾之父"的是法国芭蕾大师马里于斯·佩蒂帕。他和伊万诺夫合作参与了《天鹅湖》《睡美人》《胡桃夹子》这三大舞剧的编剧及编导工作。其他代表人物还有戈尔斯基、福金、利法尔、德瓦卢娃和巴兰钦等,他们都曾经从艺于"佳吉列夫俄罗斯芭蕾团"。该团解散后,他们流散于欧美各国,对各国芭蕾舞的兴建与发展起着极其重要的作用。

---

① 隆萌培,徐尔充.舞蹈知识手册[M].上海:上海音乐出版社,1999.

4．现代芭蕾和当代芭蕾

20世纪现代芭蕾和当代芭蕾先后诞生。现代芭蕾的代表人物是美籍俄国芭蕾大师乔治·巴兰钦。这一时期"纯芭蕾"代替了戏剧芭蕾一统天下的局面。当代芭蕾的代表性人物是捷克人伊日·基里安及美国人威廉·福赛特。

三、芭蕾舞进入中国

1954年2月，苏联专家奥·阿·伊莉娜（O.A.Yealina）来到中国传教，为中国芭蕾舞开辟了新纪元。此外，我国著名舞蹈家戴爱莲对中国芭蕾舞的发展也起到了举足轻重的作用。

戴爱莲出生于1916年，她早期在英国学习芭蕾，回国后为中国芭蕾舞的发展带来了诸多个"第一"。1954年在北京新成立的第一所舞蹈学校担任校长，为新中国培养出第一批芭蕾舞蹈演员。1956年北京舞蹈学校在她的领导下排演出第一部完整的芭蕾舞剧《无益谨慎》，1958年排演出著名芭蕾舞剧《天鹅湖》。

我国著名的舞蹈家白淑湘是中国的第一个"白天鹅"。1959年，在北京舞蹈学校成立了中国第一个芭蕾舞团，1963年改为中央芭蕾舞团。至今中国已有北京的中央、上海、辽宁、广州及天津共五大芭蕾舞团。

1964年，中国推出第一部具有鲜明的中国风格特点的大型芭蕾舞剧——《红色娘子军》。1965年舞剧《白毛女》的问世，又成为中国芭蕾舞史上一大辉煌力作。新时期，中国的芭蕾事业蓬勃发展。大批芭蕾舞演员如雨后春笋般层出不穷，频频参加各种国际芭蕾舞大赛，而且成绩辉煌。

知识链接

《红色娘子军》是中国芭蕾舞的代表作之一，编导将西方芭蕾舞的技术、技巧与中国舞蹈巧妙地融为一体，是中国芭蕾舞史上不朽的名作。中国的娘子军穿上了足尖鞋，站在芭蕾的舞台上，绽放出别样的光彩。

在此部舞剧中，《娘子军连歌》《万泉河水清又清》等歌曲深受人民群众的喜爱，得到广泛的传颂。1963年芭蕾舞剧《红色娘子军》由周恩来总理提议，根据同名电影进行创作，1964年由中国国家芭蕾舞团首演获得巨大的成功。

实践篇

一、芭蕾舞的手型、脚型

1．手型

芭蕾舞的手型：拇指向手心内靠拢，食指向外翘起，其余三个手指自然并拢。做动作时手要自然放松，不要僵直。

2．脚型

绷直时脚背和脚趾均有延伸感。

芭蕾舞的手型、脚型，分别如图1-1和图1-2所示。

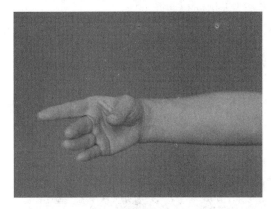

图1-1　手型　　　　　　　　　图1-2　脚型

二、芭蕾舞的手位、脚位

（一）芭蕾舞的手位

芭蕾舞的手位，以右手为例，如图1-3～图1-9所示。

1．一位手

双手于身体前下方（即小腹前），指尖相对；双臂自然弯曲，保持弧形。

2．二位手

双手保持一位手的姿态，向上平端于体前（即胃的前方）；双臂保持弧形。

3．三位手

双手保持一位手的姿态，向上举到身体上方（即头上方）；双臂保持弧形。

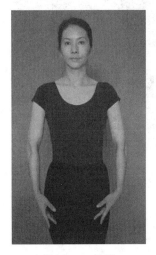  

图1-3　一位手　　　　　图1-4　二位手　　　　　图1-5　三位手

4．四位手

左手不动,右手向下落到身体前方（即二位手位置）。

5．五位手

左手不动,右手向外平拉打开到体侧,右手臂呈圆弧形,手低于肩。

图1-6　四位手

图1-7　五位手

6．六位手

右手不动,左手向下落到身体前方（即二位手位置）。

7．七位手

右手不动,左手向外平拉打开到体侧,左手臂呈圆弧形,手低于肩。

图1-8　六位手

图1-9　七位手

（二）芭蕾舞的脚位

芭蕾舞的脚位,以右脚为例,如图 1-10～图 1-14 所示。

1．一位脚

两脚脚跟并拢,脚尖一字打开。

2．二位脚

在一位脚的基础上，左脚不动，右脚向旁擦出，两脚跟距离约一脚的距离。

图1-10　一位脚

图1-11　二位脚

3．三位脚

在一位脚的基础上，左脚不动，右脚向里收回，脚跟与左脚脚心对齐，两脚贴住。

4．四位脚

在一位脚的基础上，左脚不动，右脚向前擦出，脚跟与左脚脚尖对齐，两脚脚跟相距约一脚的距离。

图1-12　三位脚

图1-13　四位脚

5．五位脚

在一位脚的基础上，左脚不动，右脚向前擦出，脚跟与左脚脚尖对齐，两脚贴住。

图1-14　五位脚

三、芭蕾舞组合

(一) 手位组合

手位组合练习曲谱如下。

飞吧！鸽子

王立平 曲

（歌谱来自 http://www.zhaogepu.com/jianpu/92665.html）

预备：双手自然下垂，双脚大八字步站立。

[一] 1—8 拍：双手慢慢到一位，脚下大八字步。

[二] 1—8 拍：双手慢慢抬起到二位，脚下大八字步。

[三] 1—8 拍：双手慢慢抬起到三位，脚下大八字步。

[四] 1—8 拍：左手不动，右手慢慢下来到二位，脚下大八字步。

[五] 1—8 拍：左手不动，右手慢慢打开到七位，脚下大八字步。

[六] 1—8 拍：右手不动，左手慢慢下来到二位，脚下大八字步。

[七] 1—8 拍：右手不动，左手慢慢打开到七位，脚下大八字步。

[八] 1—8 拍：双手慢慢下来到一位，脚下大八字步。

注意：[一] 指第 1 个 8 拍，以此类推。

芭蕾舞手位组合

(二) 手位、脚位组合

手位、脚位组合练习曲谱如下。

望 星 空

铁源 曲

1=F 2/4
♩=70 稍慢、深情地

(i i i 765 | 6663 | 5.3 5.6 727 | 6 — | 5032356 | 3.2 12 70 | 6615.356 |
1066561) | 3.5 6.121 | 1.61 | 212356 | 5 — | 1.265 | 1.6123 |
53165 3 | 2 — | 3.3356.121 | 1.61 | 2.235327 | 6 — | 1.655 |
6516533 | 203 2.356 | 1 — | i i i 765 | 565 3 | 5655332 | 2 — |
353321 | 121 6 | 7026.765 | 5.3 | i i i 7.765 | 6663 | 5535.6727 |
6 — | 5032356 | 3.212 707 | 6615.356 | 1 (023567 ‖

芭蕾舞手位、脚位组合

预备：双手一位，脚下左脚在前五位，身体面向二方向（右前方）。

[一]1—8拍：前4拍，双手慢慢抬起来到二位。同时左脚慢慢向前擦出，绷脚点地。后4拍，原地不动。

[二]1—8拍：前4拍，双手慢慢拉开到五位（左手于体侧，右手于头上）。同时脚下不动，重心移到左脚，右脚绷脚点地。后4拍，原地不动。

[三]1—8拍：前4拍，左手不动，右手慢慢落下到体前，成六位手。脚下不动。后4拍，原地不动。

[四]1—8拍：前4拍，左手不动，右手向外平拉打开到体侧，成七位手。脚下不动。后4拍，原地不动。

[五]1—8拍：第1—4拍，双手经身体两侧下来，再经过一位、二位到三位停住。同时身体转到四方向，左脚支撑，右脚绷脚点地。第5—6拍，双手从上向两边打开到七位，同时右脚向旁迈一步，左脚跟上并步。第7—8拍，双手经身体两侧下来，再经过一位、二位到三位停住。同时身体转到四方向，脚下右脚在前五位。

[六]1—8拍：第1—4拍，右手经体侧下来回到一位；第5—8拍，左手经体侧下来回到一位。脚下不动。

知识链接

你知道第一个在脚尖上起舞的芭蕾明星是谁吗？

芭蕾舞在最初时期，如同西方的戏剧，都是由男演员反串演出，禁止女性参与的。1820年前后，舞蹈家们开始踮起脚尖来舞蹈，从此芭蕾舞成为女性的天下。

玛丽·塔里奥尼（1804—1884），意大利的芭蕾明星，她是世界上第一个在脚尖上起舞的芭蕾大师,是举世闻名的芭蕾皇后。玛丽·塔里奥尼在1832年演出的《仙女》中,穿着白色的长纱裙,第一次于脚尖上起舞,从此芭蕾历史揭开了崭新的一页。

《仙女》的诞生创造了芭蕾舞剧上的多个"首次"纪录。芭蕾舞剧从古希腊的神话人物转化成描绘仙女、亡魂、女妖等超自然精灵形象。立足尖是为了表现仙女轻盈、飘浮的感觉。从此,"立足尖"成为芭蕾女演员特有的表演形式。

本章小结

芭蕾舞起源于意大利,兴盛于法国,鼎盛于俄国,最终从俄国走向世界,不断发展。在18世纪末、19世纪初芭蕾舞才形成独立完整的艺术形式,创造了足尖技巧,发展了各种腾空跳跃和旋转技巧,产生了一套完整的训练方法,并先后形成了意大利、法兰西、俄罗斯、丹麦、美国、英国等学派。

古典芭蕾的风格特征非常鲜明,运动模式十分固定,讲究"开、绷、直、立",以"高雅、轻盈、舒展、飘逸"为审美规范。在长期的舞台实践中,古典芭蕾舞形成了自己独特的表演方式和结构方式,有独舞、双人舞、三人舞、四人舞以及群舞等表现形式。特别是作为塑造主要人物,同时衡量作品的优劣,检验芭蕾舞演员全面素质的双人舞,其程式化更为突出。

讨论题

1. 说一说你对于芭蕾舞起源的理解。
2. 芭蕾舞的五个历史时期有哪些?
3. 除了玛丽·塔里奥尼,还有哪些中外芭蕾舞明星?
4. 应今后幼儿园的实际舞蹈教学需要,请说说芭蕾舞的手位共有多少个,分别说说其规格。
5. 应今后幼儿园的实际舞蹈教学需要,请说说芭蕾舞的脚位共有多少个,分别说说其规格。

实训课堂

1. 请同学们结组,互相提问芭蕾舞的七个手位和五个脚位,要求快速准确地回答并进行演示。
2. 学会芭蕾舞手位组合并进行表演。
3. 学会芭蕾舞手位、脚位组合并进行表演。
4. 请你根据所学内容或上网收集相关资料,创编一段与芭蕾舞手位相关的组合。
5. 请你根据所学内容或上网收集相关资料,创编一段与芭蕾舞脚位相关的组合。

中国古典舞蹈

学习导语

古典舞是一种有着独特风格特征,且具有历史意义和典范意义的表演性舞蹈。古典舞具有相对稳定的审美原则和程式化特点。世界上不同地区、国家和民族大多有自己的古典舞。中国古典舞是具有中国特色的舞蹈,具有非常优美的身韵及技巧动作,运用"心、意、气"来贯穿动作及舞蹈始终。

通过本章的学习,了解什么是古典舞、古典舞的特点等,掌握古典舞的基本手型、脚型和手位、脚位,学会古典舞蹈手位变换及连接动作,最终能够完整地跳出古典舞蹈组合。

教学目标

(1) 了解中国古典舞的基础知识。
(2) 了解中国古典舞的特点。
(3) 掌握中国古典舞的手型、脚型及手位、脚位。
(4) 学会中国古典舞的组合。

 知识篇

一、中国古典舞的定义

中国古典舞创立于 20 世纪 50 年代,是欧阳予倩先生提出的。由于舞蹈动作及素材中大量保持着戏曲的原态,故又被称为"戏曲舞蹈"。中国古典舞的起源是建立在中国民族民间传统舞蹈的基础上,是几千年中华文化的流传和延续,后经历代舞蹈家的提炼、整理、加工、创造,并经过长期艺术实践流传下来。

中国古典舞是具有一定典范意义和古典风格特色的舞蹈,它既体现着中国古代舞蹈的风格意味,同时它也随着时代的发展不断繁衍更新。

二、中国古典舞的特点

身韵、身法和技巧是中国古典舞的主要表现内容。其中,身韵是中国古典舞的内涵,身法则是指舞姿和动作,技巧就是具有一定难度的、技术性较强的舞蹈动作。中国古典舞在表演上非常强调"形神兼备,身心互融,内外统一"。

中国古典舞的结构是以"形""神""劲""律"来体现的。"形"是指人体形态,强调"拧、倾、圆、曲、仰、俯、翻、卷"的曲线美和"刚健挺拔、含蓄柔韧"的气质美。"神"是指内涵、神采、韵律、气质。神韵是中国古典舞的灵魂,主要体现在"心、意、气"等方面,强调气蕴、呼吸和意念的有机结合,"以神领形,以形传神"来体现中国古典舞的意境。"劲"是指动作的内在节奏和有层次、有对比的力度处理。中国古典舞的运行节奏是在"舒而不缓、紧而不乱、动中有静、静中有动"的自由而又有规律的"弹性"节奏中进行的。"律"包含动作中自身的律动性和运动中依循的规律这两层含义。

古典舞动作强调"顺",通过"顺"来体现行云流水、一气呵成之感。

实践篇

一、中国古典舞的手型、脚型

(一)手型

1. 兰花掌

兰花掌多用于女性动作。虎口收紧,拇指伸开,向中指指根部靠近。其余三个手指自然伸开,向上翘起,手型似一朵盛开的兰花,如图2-1所示。

2. 虎口掌

虎口掌多用于男性动作。虎口张开,手指伸直,手掌外侧向外用力,掌心处自然形成一个窝,如图2-2所示。

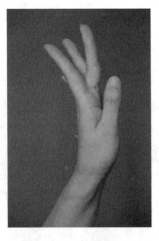
图2-1　兰花掌

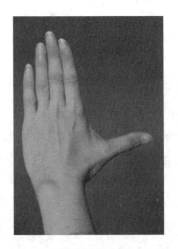
图2-2　虎口掌

3．空心拳（半握拳）

空心拳（半握拳）是指食指到小指自然弯曲，拇指内侧轻轻贴住食指与中指指尖外侧，掌心内是空的，如图2-3和图2-4所示。

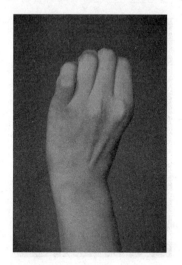

图2-3　空心拳正面

图2-4　空心拳侧面

4．实心拳

实心拳是指四指向掌心处弯曲，拇指紧贴中指，掌心内是实的，如图2-5和图2-6所示。

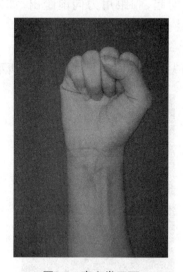

图2-5　实心拳正面

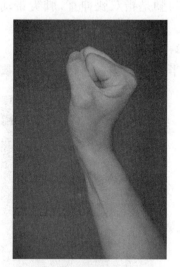

图2-6　实心拳侧面

5．单指

单指是指食指伸直向上翘起，拇指与中指捏紧，其余两个手指自然弯曲，如图2-7所示。

6．剑指

剑指是指食指与中指并拢伸直,其余三个手指向手心处自然弯曲、捏紧,如图2-8所示。

图2-7　单指

图2-8　剑指

(二) 脚型

1．勾脚

勾脚是指双腿伸直,脚尖带动全脚用力向后勾起,脚跟用力向前蹬出,如图2-9所示。

2．半勾脚

半勾脚是指在绷脚的基础上,脚面保持绷紧,脚尖用力向回勾起,如图2-10所示。

图2-9　勾脚

图2-10　半勾脚

3．绷脚

绷脚是指双腿伸直,脚尖带动全脚用力向前伸出,脚面绷紧,脚跟用力向回收,如图 2-11 所示。

4．扣脚

扣脚是指在绷脚的基础上,脚腕用力向里收,如图 2-12 所示。

图2-11　绷脚

图2-12　扣脚

二、中国古典舞的手位、脚位

（一）手位

可做反面动作,也可双手同时做动作。

1．叉腰位

双手或单手兰花掌,背在身体后面,如图 2-13 所示。

双手或单手虎口掌,用虎口架在腰间。

2．山膀位

左手叉腰,右手手臂平伸于体侧,手臂保持弧形,开度与胸平,高度与肩平,如图 2-14 所示。

3．按掌位

左手叉腰,右手手臂弯曲于体前,手臂保持弧形,手的高度与胃平,如图 2-15 所示。

4．托掌位

左手叉腰,右手手臂伸于头上方,手臂保持弧形,手心向上,如图 2-16 所示。

5．提襟位

左手叉腰,右手手臂下垂于体侧,手臂保持弧形,手型是空心拳压腕,如图 2-17 所示。

图2-13 叉腰位

图2-14 山膀位

图2-15 按掌位

图2-16 托掌位

图2-17 提襟位

（二）脚位

1．正步

双脚并拢，脚尖向前对 1 方向，身体重心于双脚之间，如图 2-18 所示。

2．八字步

（1）小八字步

在正步的基础上，双脚脚跟靠紧，脚尖打开约 60°，两脚脚尖分别对 2 方向和 8 方向，身体重心于双脚之间，如图 2-19 所示。

（2）大八字步

在小八字步的基础上，双脚脚跟分开约一个脚的距离，身体重心于双脚之间，如图 2-20 所示。

3. 丁字步

在小八字步的基础上,右脚脚跟贴放于左脚的脚心窝处,两脚脚尖分别对 2 方向和 8 方向,身体重心于双脚之间,如图 2-21 所示。

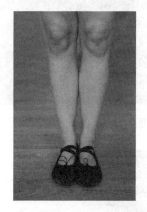

图2-18　正步

图2-19　小八字步

图2-20　大八字步

图2-21　丁字步

4. 踏步

(1) 小踏步

在小八字步的基础上,左脚不动,右脚脚尖点地踏在左脚的左后方,重心在左脚上(可做反面动作),如图 2-22 所示。

(2) 大踏步

在小踏步的基础上,左脚不动,左腿弯曲,右腿向 6 方向直腿伸出点地,重心在左脚上(可做反面动作),如图 2-23 所示。

5. 弓箭步

在丁字步的基础上,左腿原地伸直,右腿沿脚尖方向向 2 方向迈出一步,同时膝盖弯曲,大腿、小腿成 90°,重心在两腿中间(可做反面动作),如图 2-24 所示。

图2-22 小踏步

图2-23 大踏步

图2-24 弓箭步

三、中国古典舞的基本动作

（一）手位变换动作

1．顺风旗

左手山膀位，右手托掌位，双手手心向外，如图2-25所示。

2．山膀按掌

左手山膀位，右手按掌位，如图2-26所示。

图2-25 顺风旗

图2-26 山膀按掌

3．托按掌

左手按掌位，右手托掌位，如图 2-27 所示。

4．斜托掌

左手山膀位，右手托掌位，双手手心向里，如图 2-28 所示。

图2-27　托按掌　　　　　　　　图2-28　斜托掌

（二）手位连接动作

1．撩掌

手腕带动手臂向上撩起，可向前、向后、向里、向外不同方向撩出，如图 2-29 所示。

图2-29　撩掌

2．切掌

手心向里，手掌外沿从上向下切，切至胸前停住，如图 2-30 所示。

3．盖掌

手心向下，手掌从上向下盖，按掌于胸前停住，如图 2-31 所示。

图2-30　切掌

图2-31　盖掌

4．分掌

手臂经体前撩起到头上方,然后翻手压腕,向旁边分开,如图2-32所示。

5．穿掌

双手于体前交叉,里边的手指尖带动手臂向上穿出,外边的手按掌向下,然后同时打开,如图2-33所示。

图2-32　分掌

图2-33　穿掌

6．云手

左手于左肩前端平,右手山膀位。双手同时运动于体前平伸交叉然后打开,成左顺风旗位,如图2-34～图2-36所示。

7．双晃手

双手同时从右边撩起,经头上方,然后手心向外划到左边,如图2-37～图2-39所示。

第二章 中国古典舞蹈

图2-34 云手1

图2-35 云手2

图2-36 云手3

图2-37 双晃手1

图2-38 双晃手2

图2-39 双晃手3

四、学习中国古典舞组合

（一）手位组合

手位组合曲谱如下。

珊 瑚 颂

1=F 2/4

中速 优美

胡士平 王锡仁 曲

（乐谱）

中国古典舞手位组合

预备：双手叉腰，双脚小八字步站好。

[一] 1—4拍：左手叉腰，右手经右旁撩掌至体侧成单山膀位。双脚不动。

5—8拍：右手不动，左手经左旁撩掌至体侧成双山膀位。双脚不动。

[二] 1—4拍：右手撩掌至头上方成单托掌位。双脚不动。

5—8拍：左手撩掌至头上方成双托掌位，最后一拍双手收回成预备姿态。双脚不动。

[三] 1—4拍：右手经右旁撩掌至体侧成单山膀位，然后继续向前撩到胸前成按掌位。最后一拍，右手下来到身体右下方。双脚不动。

5—8拍：第5拍右手沿刚才路线迅速撩到胸前成按掌位，第8拍右手收回。双脚不动。

[四] 1—4拍：左手经左旁撩掌至体侧成单山膀位，然后继续向前撩到胸前成按掌位。最后一拍，左手下来到身体左下方。双脚不动。

5—8拍：第5拍左手沿刚才路线迅速撩到胸前成按掌位。双脚不动。

[五] 1—4拍：右手慢慢下来收回到叉腰位。双脚不动。

[六]1—4拍：左手叉腰，右手经右旁撩掌至体侧，再经单山膀位继续撩到头上方成托掌位。双脚不动。

5—8拍：左手叉腰，右手于托掌位翻手切下来到按掌位。双脚不动。

[七]1—8拍：左手叉腰，右手提腕慢慢下来到身体右下方成提襟位。双脚不动。

[八]1—4拍：右手保持姿态不动，左手经左旁撩掌至体侧，再经单山膀位继续撩到头上方成托掌位。双脚不动。

5—8拍：右手保持姿态不动，左手于托掌位翻手切下来到按掌位。双脚不动。

[九]1—8拍：左手提襟位不动，右手提腕慢慢下来到身体右下方成提襟位。双脚不动。

[十]1—4拍：双手慢慢提腕，然后收手叉腰。

(二) 提沉组合

1．学习基本动作

(1) 提沉

提沉实质上是一种呼吸训练，提的时候吸气，沉的时候呼气。

(2) 冲

用胸部带动身体向前、斜前等方向探出去。

(3) 靠

用肩部带动身体向后、斜后等方向探出去。

2．学习提沉组合

提沉组合曲谱如下。

今天是你的生日，我的中国

谷建芬 曲

预备：面向 1 方向,双手背后,脚下正步。

[一]1—4 拍：双手于身体两侧斜下方慢慢向上撩起到 30°,第 4 拍双手回到原位。脚下不动。

5—8 拍：第 5—6 拍动作同第 1—3 拍。第 7 拍双手翻手,手心向上停住。脚下不动。

[二]1—4 拍：双手于身体两侧斜下方慢慢向上撩起到 90°,第 4 拍双手回到原位。脚下不动。

5—8 拍：第 5—6 拍动作同第 1—3 拍。第 7 拍双手翻手,手心向上停住。脚下不动。

[三]1—4 拍：第 1—2 拍双手从右前方撩起到头上方；同时左腿吸起。第 3—4 拍双手向左后方落下,山膀按掌位停住,同时左脚向右前方迈出一步,成大踏步位,身体向右前方冲出。

5—8 拍：第 5—6 拍双手提起到头上方；同时双脚脚跟提起。第 7—8 拍双手晃到右前方,山膀按掌位停住,同时重心后移到右腿,并弯曲,左腿虚步点地,身体向左后方靠出。

[四]1—4 拍：双手右手起于头上方做小五花；同时重心前移,右脚收回,正步站好。

5—8 拍：双手保持小五花动作停在左肩前；同时右脚后撤成右踏步,身体向右后方靠出。

[五]1—4 拍：双手于身体两侧斜下方慢慢向上撩起到 30°,第 4 拍双手回到原位。脚下不动。

5—8 拍：第 5—6 拍动作同第 1—3 拍。第 7 拍双手翻手,手心向上停住。脚下不动。

[六]1—4 拍：双手于身体两侧斜下方慢慢向上撩起到 90°,第 4 拍双手回到原位。脚下不动。

5—8 拍：第 5—6 拍动作同第 1—3 拍。第 7 拍双手翻手,手心向上停住。脚下不动。

[七]1—4 拍：第 1—2 拍双手从左前方撩起到头上方；同时右腿吸起。第 3—4 拍双手向右后方落下,山膀按掌位停住,同时右脚向左前方迈出一步,成大踏步位,身体向左前方冲出。

5—8 拍：第 5—6 拍双手提起到头上方；同时双脚脚跟提起。第 7—8 拍双手晃到左前方,山膀按掌位停住,同时重心后移到左腿,并弯曲,右腿虚步点地,身体向右后方靠出。

[八]1—4 拍：双手左手起于头上方做小五花；同时重心前移,左脚收回,正步站好。

5—8 拍：双手保持小五花动作停在右肩前；同时左脚后撤成左踏步,身体向左后方靠出。

知识链接

你知道中国古代著名的舞蹈家都有谁吗？

中国古代有许多杰出的舞蹈家，她们创造着不同时期的艺术辉煌。

西施，春秋战国时期宫廷舞人。她曾是越王对吴王实施美人计的主角。她的代表作《响屐舞》，传说是西施脚穿木屐，踏在铺满木板的大缸上，边舞边发出清脆的响声，从而形成一种独特的表演形式。

赵飞燕，汉代著名的舞人。她以身材窈窕、舞姿轻盈而闻名，故起名"赵飞燕"。她的代表作《归风送远之曲》，传说是在汉宫的太液池中搭建的香榭上表演的，舞姿优美，轻盈如风。

杨贵妃，唐代著名舞蹈家。她不但会跳舞，还会演奏多种乐器。她的代表作《霓裳羽衣舞》曾被诗人白居易赞为"飘然转旋回雪轻，嫣然纵送游龙惊。小垂手后柳无力，斜曳裾时云欲生。"

本章小结

中国古典舞的称谓是近现代才形成并逐渐普遍使用的，并不完全是通常意义上的"有着独特风格特征，且具有历史意义和典范意义的表演性舞蹈"。中国的古典舞体系形成于中华人民共和国成立之初，在传统审美理念的指导下，以戏曲舞蹈为基础，借鉴芭蕾舞的体系，从大量舞蹈文物中寻找古代舞姿舞韵，吸收武术、杂技、巫舞的精华，逐渐形成了具有中国传统艺术审美特色的风格。

中国古典舞经历了半个多世纪的发展，形成了自己相对稳定的体系：具有高度程式化的动作方法、规范严谨的动作技巧、含蓄蕴藉的情感表现，以及对气韵流贯、神形兼备的讲究。中华人民共和国成立以来，出现了许多建立在中国古典舞体系基础上的舞蹈作品，例如，《宝莲灯》《丝路花雨》《红楼梦》等舞剧，《春江花月夜》《飞天》《踏歌》等古典舞作品。

讨论题

1．说一说你对于中国古典舞特点的理解。
2．中国古典舞与戏曲中的舞蹈有哪些区别？
3．中国古典舞的表演艺术家你能说出几个？他们有什么代表作？
4．应今后幼儿园的实际舞蹈教学需要，请说说中国古典舞的手位共有多少个，分别说说其规格。
5．应今后幼儿园的实际舞蹈教学需要，请说说中国古典舞的脚位共有多少个，分别说说其规格。

实训课堂

1．请同学们结组,互相提问中国古典舞的手位和脚位,要求快速准确地回答并演示。

2．学会中国古典舞手位组合并进行表演。

3．学会中国古典舞提沉组合并进行表演。

4．请你根据所学内容或上网收集相关资料,创编一段与中国古典舞手位相关的组合。

5．请你根据所学内容或上网收集相关资料,创编一段与中国古典舞脚位相关的组合。

中国民族民间舞

第一节 汉族舞蹈

汉族地域辽阔,文化源远流长。汉族舞蹈以秧歌为主,形式也多种多样。通过本章的学习,了解汉族的服饰文化、风土人情,了解秧歌的种类,以及山东秧歌、东北秧歌、云南花灯等不同秧歌的风格及特点。掌握东北秧歌的基本动律和动作,尤其是手绢花的舞法。学会组合动作,并能完整、有表情地表演组合。

教学目标

(1) 了解汉族舞蹈的基础知识。
(2) 了解汉族舞蹈的特点和种类。
(3) 掌握汉族舞蹈东北秧歌的基本体态和基本动律。
(4) 学会汉族舞蹈的动律组合和手绢花组合。

一、汉族的文化、服饰及风土人情

汉族是中国的主体民族,人口占全国总人数的90%以上,主要分布在中国的东部、中部和东南部广大地区。无论是在政治、军事、文学、艺术等方面,还是在自然科学领域,汉族人民都创造了许多辉煌的业绩。

汉族是一个古老的农业民族,主食以稻米、小麦为主,辅之以蔬菜、肉食和豆制品,茶和酒是汉族的传统饮品。具有代表性的食物有米饭、馒头、饺子等。

汉族服装具有4000多年的历史,体现了华夏礼仪文化的精髓,充分展示了汉族的特色及信仰。每个民族都有属于自己特色的民族服装,汉族服装体现了汉族的民族特色。

汉服的基本特点是交领、右衽,用绳带系结,包括衣裳、首服、发式、面饰、鞋履、配饰等,形成自身独具特色的服装体系,传承了30多项中国非物质文化遗产,体现出锦绣中华、衣冠上国、礼仪之邦的美誉。

随着时代的变迁,汉族服饰保留了独具特色的基本特点,同时也融入了不同时代的元素和符号。现在的汉族舞蹈服饰,在传承原有风格的同时,也颇具时代感,而且特色鲜明。

在浩瀚的历史长河中,汉族创造了光辉灿烂、特色鲜明的历史文化。早在西周时期,就形成了完善的礼乐文化,《大武》是周代的乐舞形式系周武王克商所作。周代的教育制度也比较完善,其中包括"礼""乐""射""御""书""数"六艺。

二、汉族舞蹈的风格特点及种类

汉族舞蹈,即汉民族传统舞蹈,属于民族舞蹈范围。汉族舞蹈的历史源远流长,在民间广为流传的有龙舞、狮舞、绸舞、秧歌等。汉族的民间舞蹈不但内容丰富,而且种类繁多、风格各异,最具代表性的就是秧歌。

秧歌被称为百戏之源,是我国最具代表性的民间舞蹈形式之一。它常以集体歌舞艺术的形式展现出来。秧歌起源于插秧耕田的劳动生活,使用道具和歌舞结合是汉族民间舞蹈的突出特点。以使用较多的折扇来说,那千姿百态的舞扇动作,不但对表达思想情绪、塑造人物性格、美化舞姿起着重要作用,而且还能根据舞蹈情节的要求,模拟花或蝴蝶等形态。

秧歌主要流行于中国北方地区,主要有两种形式,一种是地秧歌,另一种是高跷。其中地秧歌又分山东地区的鼓子秧歌、胶州秧歌、海阳秧歌;东北地区的东北秧歌;南方地区的云南花灯、安徽花鼓灯等。

(一)山东秧歌

鼓子秧歌、胶州秧歌、海阳秧歌是山东秧歌中最具代表性的秧歌。

1. 鼓子秧歌

鼓子秧歌历史久远,是以"伞""鼓""棒""花"四种角色形式表现的。其中"伞"的动作圆润舒展,挺拔有力;"鼓"的动作大起大落,粗犷凝重;"棒"的动作快捷活泼,干净利落;"花"的动作既风火有力,又轻盈飘逸。鼓子秧歌的演唱是一种说唱的形式,曲调诙谐、幽默,表现出山东人耿直而又豪爽的性格特点。

2. 胶州秧歌

胶州秧歌是山东省三大秧歌之一,又被称为"地秧歌""跑秧歌",在民间又有"扭断腰""三道弯"之称,距今有230多年的历史。胶州秧歌以其舞蹈、音乐曲牌和情节剧在中国秧歌群体中独树一帜,并以其辉煌的艺术魅力蜚声全国,于2006年被列为国家非物质文化遗产。

胶州秧歌的身体姿态以"三道弯"著称,动作时以动力腿脚掌或脚跟的碾动,带动腰部和上身的扭动而形成。其代表性的动作"丁字步"和"倒丁字步",就是根据颈、腰、膝三个部位弯曲扭动而产生的。胶州秧歌的律动特点是"拧、碾、伸、韧"。节奏特点是:快发力,即终端发力,而且发力要快;慢延伸,即向外延伸,而且延伸要慢。

3. 海阳秧歌

海阳秧歌流行于山东半岛,是一种集歌、舞、戏于一体的汉族民间艺术形式,以粗犷奔放、感情充沛、风趣幽默的表演风格著称于世。海阳秧歌的动作要求全身都要"活泛",男演员讲究"铺身刹架""脚底生根""刚柔相济",给人一种沉重、稳健的感觉;女演员讲究心态的表露,追求舒展飘逸,特别强调腰部的灵活性,从而形成海阳秧歌男"提沉"、女"抻拉"的特有韵律和丰富内涵。

(二)云南花灯

云南花灯是流传在云南的一种汉族民间舞蹈。其表演形式有三种:集体花灯歌舞、集体情绪性的歌舞、集体情节性的花灯歌舞。云南花灯歌舞在体态、律动上都有其基本特征,如身体的摆动等。云南花灯的基本动律是"崴",它的基本步法是在此动律基础上形成的。

在舞蹈表演动作中,随着动作幅度、方位、形态等不同的特征,可分为小崴、正崴、反崴、柔踩步等。此外,还有各种跳、转、扇花等动作。云南花灯具有独特的美感特征,女性舞蹈表现出内秀、淡雅,男性舞蹈表现出刚劲、洒脱。

(三)东北秧歌

1. 民俗特色

东北秧歌是东北地区人民十分喜爱的一种民间歌舞形式,是北方劳动人民长期创造积累的艺术财富。它起源于插秧耕田的劳动生活,又和古代祭祀农神祈求丰收,祈福禳灾时所唱的颂歌、禳歌有关,并在发展过程中不断吸收农歌、菱歌、民间武术、杂技以及戏曲的技艺与形式,从而由一般的演唱秧歌发展到今天广大群众喜闻乐见的一种民间歌舞。

2. 服饰特点

东北秧歌以戏曲服饰为主,以所表现的人物而定服饰。秧歌表演多是以舞蹈、小品和小戏为主,人物扮相皆以所表演的内容和人物个性而着装。戏曲服饰多带水袖,演员表演时,多手握水袖而舞,称握袖头。后来逐渐形成持手绢而舞,使秧歌中的手巾花发展成里外挽花、片花、旋花等。其扭法也有了甩、抖、搭肩、缠头等动作,形成了东北秧歌所特有的表现形式。

3. 舞蹈的风格特点、种类

东北秧歌在风格上既有火爆、泼辣的特点,又有稳静、幽默的特点。动作既哏又俏,既稳又浪(浪,即欢快俊俏之意),而且稳中有浪,浪中有稳,刚柔结合。不能扭扭捏捏、缠绵无力。不同的动作形态,表现舞者不同的情绪。手绢展现不同的技巧,特技以顶、立、抛、吸为基础,可作单双手顶转、立转、抛巾等。

实践篇

一、学习东北秧歌的基本动作

（一）学习基本体态

身体前倾，双手叉腰。

（二）学习东北秧歌基本动律

1．上下动律

双脚正步位，双手叉腰位，以腰为轴，一侧腰下压，一侧腰上提，交替进行，呈下弧线运动。重拍在下。

2．前后动律

双脚正步位，双手叉腰位，一侧腰前送，另一侧腰回拉，交替进行。重拍在里。

3．划圆动律

以腰为轴，左右两侧腰围绕腰轴前、后、上、下、交替划立圆。重拍在前下。

（三）基本步法

1．前踢步

以右脚为例，预备拍时左腿屈膝，同时右腿前踢抬出，音乐强拍右脚落地，同时双腿直膝，身体重心上移，如图 3-1 和图 3-2 所示。

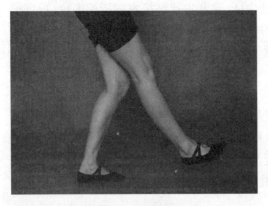
图3-1　前踢步1

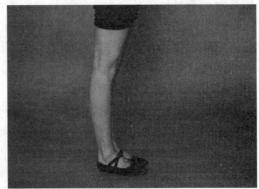
图3-2　前踢步2

2．后踢步

以右脚为例，预备拍时双腿直膝，音乐强拍右腿小腿后踢抬起，同时左腿屈膝，身体重心下沉，如图 3-3 和图 3-4 所示。

3．提压脚跟

双脚有规律地随音乐起落。动作中脚跟离地时间短，落地时间长，分为正步压脚跟、小踏步压脚跟和大掖步压脚跟。

4．手绢的拿法

手绢的拿法如图 3-5 和图 3-6 所示。手握手绢 1/2 处，五指松弛，食指顺手绢的圆形方向自然向下。

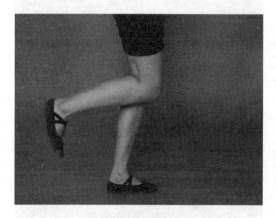
图3-3　后踢步1

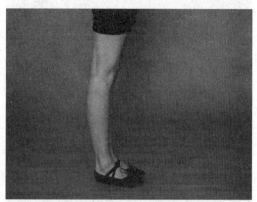
图3-4　后踢步2

图3-5　手绢拿法1

图3-6　手绢拿法2

5．东北秧歌手绢花

东北秧歌手绢花包括挽花、片花、单臂花、双臂花、小五花等。

（1）挽花：兰花掌，掌心向上，小指带手掌由外向里绕，如图 3-7 ~ 图 3-10 所示。

（2）片花：手心向上绕一次花，再向下绕一次花。

（3）单臂花：单手做里挽花，胸前一次，旁边一次，如图 3-11 和图 3-12 所示。

（4）双臂花：双手一手在胸前，一手在旁边，交替做里挽花，如图 3-13 所示。

（5）小五花：双手于胸前交替片花，如图 3-14 所示。

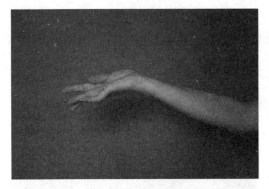

图3-7　手挽花1

图3-8　手挽花2

图3-9　手挽花3

图3-10　手挽花4

图3-11　单臂花1

图3-12　单臂花2

图3-13 双臂花

图3-14 小五花

二、学习东北秧歌组合

（一）动律组合

动律组合曲谱如下。

小 柳 叶 锦

民间乐曲

动律组合

（歌谱来自：http://www.sooopu.com/html/143143959.html）

准备：双手胯前交叉打开至两侧，双叉腰手位。

1．第一遍音乐

[一]1—8拍：双手叉腰，双脚提压脚跟，4拍1次，做2次。

[二]1—8拍：双手叉腰，身体左起上下动律，4拍1次，做2次。

[三]1—8拍：双手叉腰，双脚提压脚跟，2拍1次，做4次。

[四]1—8拍:双手叉腰,右起前后动律,2拍1次,做2次。右起划圆动律,2拍1次,做2次。

[五]1—8拍:双手小燕展翅,第1—2拍右脚向右侧横移一步,第3—4拍左脚向右后方撤步,成踏步位。第5—8拍身体左起上下动律,2拍1次,做4次。

[六]1—8拍:双手于头两侧挽花,第1—2拍左脚向左侧横移一步,第3—4拍右脚并回来,向1点正步位,第5—8拍身体右起前后动律,1拍1次,做2次。

2．第二遍音乐

第二遍音乐重复上述动作。

(二) 手绢花组合

手绢花组合曲谱如下。

月 牙 五 更

东北民歌

1=G 2/4
中板

(3.235 76 | 5 356 | 5 -) | 33 56 | 3 - | 2.3 56 | 3.532 16 |

32 1 | 2 - | 33 56 | 3 - | 2.3 56 | 3.532 16 | 32 1 |

27 6 | 05 32 | 321 2 | 1 - | 36 333 | 27 6 | 36 333 | 27 6 |

11 6161 | 22 3 | 55 6 | 3.532 16 | 3.235 76 | 5 3561 | 5 - ‖

(歌谱来自:http://www.jianpu.cn/pu/71/71944.htm)

1．学习基本动作

动作一:双手顺风旗动作;脚下踏步压脚跟。动律2拍一次。

动作二:双手于胸前做小五花;脚下前踢步。动律2拍一次。

动作三:双手双臂花;脚下前踢步。动律2拍一次。

动作四:双手顺风旗;脚下大掖步。身体左右摆动,动律2拍一次。

动作五:右手头顶挽花;左脚起泛,然后双手胸前交替挽花,双脚小碎步,向左转一圈。

动作六:双手向上打花,再向下打花;双脚交替吸腿。动律向下,2拍一次。

动作七:双手先向里挽花,然后再向外绕花;双脚踏步蹲。4拍一次。

动作八:左手先背后,右手向外绕花,再换手;双脚前踢步,向左依次转4个方向。

2．学习组合

[一]1—4拍:(动作一)双手顺风旗动作;脚下踏步压脚跟。动律2拍一次。先8个方向,再2个方向,共4次。

5—12拍：（动作二）双手于胸前做小五花；脚下前踢步。动律2拍一次。共做8次。

[二] 1—4拍：（动作三）双手双臂花；脚下前踢步。动律2拍一次。向左前方共做4次。

5—8拍：（动作四）双手顺风旗；脚下大掖步。身体左右摆动，动律2拍一次，共做2次。

9—12拍：（动作五）右手头顶挽花；左脚起范，然后双手胸前交替挽花，双脚小碎步，向左转一圈。

[三] 1—4拍：（动作六）双手向上打花，再向下打花；双脚交替吸腿。动律向下，2拍一次。

5—6拍：双手双臂花，先向左做一次慢的，同时右脚秧歌后踢步一次，然后双手双臂花，先向右再向左各做一次快的，同时双脚秧歌后踢步左右各一次。

[四] 1—4拍：（动作七）双手先向里挽花，然后再向外绕花；双脚踏步蹲。4拍一次。做2遍。

5—8拍：（动作八）左手先背后，右手向外绕花，再换手；双脚前踢步，向左依次转4个方向。

[五] 1—2拍：双手双臂花两次，左脚起步，向8方向做两个前踢步。

3—4拍：双手从左向右晃一圈，脚下踮步两次，左脚向2方向上一步。

5—8拍：动作与第1—4拍动作相反。

[六] 1—8拍：双手从左向右晃3个圈，双脚正步半蹲，节奏是一慢二快，然后接动作五。

结束动作：双手从胸前掏出，然后向前平伸，再向两旁平摊开，到顺风旗位双手挽花，同时左脚前踢步向前，然后踏步站好。

知识链接

东北秧歌——手绢

东北秧歌的手绢早期是四方的，后来为了表演的需要改成八个角的。手绢是把两个一尺二寸的绸布错开八角形缝合，在手绢中镶嵌一个碗口大的花边或亮片，舞者舞蹈时把手绢技巧融合进去，可以做很多的花样。手绢不但可以在舞者手中、脚上、身躯上下飞翻，还可以飞出飞回，不停地变换花样，让人过目不忘。

讨论题

1. 说一说你对于汉族舞蹈风格特点的理解。
2. 汉族舞蹈有哪些种类？

3．简述汉族服饰的特点。

4．东北秧歌、胶州秧歌和云南花灯的道具分别是什么？

5．应今后幼儿园的实际舞蹈教学需要，请说说东北秧歌舞蹈的基本体态和基本动律的规格要领并演示。

实训课堂

1．请同学们结组，互相提问东北秧歌的基本步法，要求快速准确地回答并演示。

2．学会东北秧歌动律组合并进行表演。

3．学会东北秧歌手绢花组合并进行表演。

4．请你根据所学内容或上网收集相关资料，创编东北秧歌幼儿舞蹈短剧。

第二节　藏　族　舞　蹈

学习导语

藏族舞蹈种类繁多，舞蹈语汇也相当丰富。通过本章的学习，了解藏族的风土人情和舞蹈文化，了解藏族舞蹈的种类及风格特点；掌握藏族舞蹈的基本动律和动作，特别是膝盖向下颤动及撩步动作，掌握踢踏舞中的"冈达"动作；学会并能完整、有表情地表演藏族舞蹈组合。

教学目标

（1）了解藏族舞蹈的基础知识。

（2）了解藏族舞蹈的风格特点和种类。

（3）掌握藏族舞蹈的基本体态、基本动律，以及藏族弦子舞的基本动作、基本手位。

（4）学会藏族舞蹈的撩步组合、靠步组合、《再唱山歌给党听》组合、第一基本步组合和《我要去西藏》组合。

知识篇

一、藏族的文化、服饰及风土人情

我国的西藏自治区位于被称"世界屋脊"的青藏高原。那里有世界第一高峰——珠穆朗玛峰。青藏高原孕育着丰富的水源，是许多著名河流的发源地，我国最大的咸水湖——青海湖也在这里。

"西藏"在藏语中被称为"蕃"(bō),生活在这里的农业人群称自己为"蕃巴"。藏族是中国56个民族之一,主要分布在西藏自治区和青海、甘肃、四川、云南等地。藏族的历史悠久,早在4000多年前就已在雅鲁藏布江流域繁衍生息了。藏族有自己丰富的语言文化、饮食文化、服饰文化以及民间艺术等。

藏族的男女老少都喜欢喝酥油茶、青稞酒,与洁白的"哈达"一并皆为款待亲朋好友及贵客的珍贵礼品。

藏族的服饰非常有特点。男子的服饰雄健、豪放,基本上以宽腰、长袖、长袍为基本结构。据说这种宽大的长袍,白天可以当衣服,夜间可以做被子,既防寒保暖又便于出行。我们经常可看到人们在温度高的时候会脱掉一只袖子,用来散热,这便形成藏族特有的民族服饰特色。藏族女士的服饰尤为突出,多姿多彩。姑娘们穿上无袖长袍加各色衬衫,腰间系上彩虹般鲜艳夺目的"邦典",配上发出叮当悦耳声音的配饰,形成高原女性特有的风格,婉若朵朵盛开的格桑花。

藏民族有着悠久历史和灿烂文化,艺术也是绚丽多彩,格外辉煌。几千年来的历史积淀使得西藏成为"艺术的圣殿""歌舞的海洋"。在这片歌舞的海洋中,成就了藏族人民能歌善舞的天性。无论是节假日还是赶上丰收喜庆,无论是田间还是牧场,到处都可以看到男女老少,手拉手围成圈翩翩起舞,甚至通宵达旦,尽情欢唱。在西藏,歌舞已经成为人们生活的一部分。

二、藏族舞蹈的风格特点及种类

藏族舞蹈的种类很多,有虔诚的宗教舞蹈"羌姆",还有形式多样的"谐""果谐""堆谐""果卓"以及"热巴"等。

"谐"也叫"弦子",是藏族人民祈愿吉祥幸福的舞蹈,属于农区的舞蹈形式,主要以歌颂爱情和大自然为题材。每逢节日或"耍坝子",在牛角琴的伴奏下青年男女或围成圈,或各站一排,随着琴声边歌边舞。

弦子舞动律抒情、柔美、长袖轻拂、舞姿婀娜,舞蹈动作多是模仿孔雀的姿态,含蓄柔和,舞姿优美,再加上悠扬的曲调,耐人寻味。

"果谐"流传于西藏的日喀则、山南等农村地区,也是群众性最强的一种民间舞蹈。参加者手拉手围成大圆圈,随着领舞者沿顺时针方向前进边歌边舞。随着歌曲节奏的不同,跳法也不同,分快慢两部分。慢节奏时舞步轻缓,节奏转快后情绪欢快激昂。人们经常在节日里,围着盛满青稞酒的酒缸,拉手成圈,翩翩起舞,从日落一直跳到天明。

"堆谐"又名"踢踏舞",是一种具有藏族风格的踢踏舞,主要流传于后藏雅鲁藏布江上游的昂仁、定日以及阿里等地。它也是以圆圈舞的形式体现。

不同地区,舞蹈的风格也不相同。有的动作朴实深沉、热烈奔放;有的动作优美流畅;还有的动作活泼欢快,动感极强。舞蹈节奏分快、慢两种。在拉萨地区,舞者脚踏木板,头顶一碗水,随歌而舞,平稳欢快,直至曲终,滴水不洒,堪称一绝。

实践篇

一、学习藏族舞蹈的基本动作

（一）学习藏族舞蹈基本动律

1．动律一（向下颤动）

双腿弯曲，身体放松，膝盖随节奏上下起伏颤动。一拍一次，动律向下。

2．动律二（向上拉伸）

双腿先弯曲，然后自然伸直，重复弯直动作。动律向上。

（二）学习藏族弦子舞基本动作

1．撩步

动作腿膝盖带动腿先向上抬起，再向前伸出。支撑腿原地向下颤动。一拍一次，如图 3-15～图 3-17 所示。

图3-15　撩步1

图3-16　撩步2

图3-17　撩步3

（1）一步一撩：踏一步撩一次。

（2）三步一撩：踏三步撩一次。

2．靠步

动力腿脚跟靠在主力腿脚心窝处，如图 3-18 所示。

（1）连靠：动力腿脚跟靠在主力腿脚心窝处连续靠动。

（2）单靠（一步一靠）：踏一步靠一次。

(3) 长靠（三步一靠）：踏三步靠一次。

3．跺步

双腿放松，动作腿脚掌用力踏地。

三步一跺：踏三步，跺一步。

（三）学习藏族弦子舞基本手位

1．叉腰位

双手五指并拢，放在小腹，如图3-19所示。

2．顺风旗位

双手打开，一只手臂在头上，一只手臂在体侧，如图3-20所示。

3．双上举位

双臂打开，斜上举，如图3-21所示。

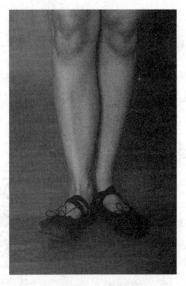

图3-18 靠步

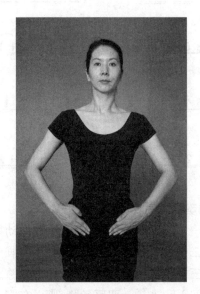

图3-19 叉腰位

图3-20 顺风旗位

图3-21 双上举位

二、学习藏族舞蹈组合

（一）弦子舞组合

1．撩步组合

撩步组合曲谱如下。

天　路

作曲　印青

[曲谱]

前奏：双手叉腰原地站好。

[一] 1—8拍：双手叉腰，原地做动律一颤膝动作。

[二] 1—8拍：双手叉腰，脚下右脚先起原地三步一撩两次。

[三] 1—8拍：双手叉腰，原地颤膝。

[四] 1—8拍：双手叉腰，脚下右脚先起原地一步一撩四次。

[五] 1—8拍：双手体前交叉后打开，右手在上顺风旗手位，脚下右脚先起三步一撩四次，同时身体向右自转一圈。

[六] 1—8拍：动作同[五]。

[七] 1—8拍：双手经身体两侧下方向上撩起到双上举，同时脚下右脚先起做一个三步一撩，接两个一步一撩。

[八] 1—8拍：双手从双上举慢慢下来到身体两侧下方向，同时脚下右脚先起做一个三步一撩，接两个一步一撩。

撩步组合

2．靠步组合

靠步组合曲谱如下。

翻身农奴把歌唱

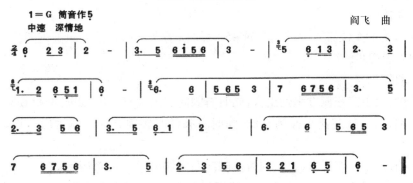

前奏：双手叉腰原地站好。

[一] 1—8 拍：双手叉腰，原地做动律二拉伸动作。

[二] 1—8 拍：同 1×8 拍动作。

[三] 1—8 拍：双手叉腰，右脚原地做连靠动作。

[四] 1—8 拍：双手叉腰，左脚原地做连靠动作。

[五] 1—8 拍：右脚起步做单靠，然后接左脚。共四次。

[六] 1—8 拍：同 5×8 拍动作。

[七] 1—8 拍：右脚起步做长靠，然后接左脚。共两次。

[八] 1—8 拍：同 7×8 拍动作。

3．弦子舞组合

弦子舞组合曲谱如下。

再唱山歌给党听

1) 基本动作

（1）动作一

两人一组交换位置。两人向左转45°站好，后者从前者前方向前进四步，前者从后者后方向后退四步。

（2）动作二

第1拍，双手向左侧方平伸出去，同时右脚向右侧迈出一步，如图3-22所示。

第2拍，双手从左侧平摊到右侧，同时左脚经右脚前方向右侧迈出一步，如图3-23所示。

第3拍，左手向左后方盘手，同时左脚向左侧伸出，如图3-24所示。

第4拍，右手不动，左手在头上方成顺风旗姿态，同时左脚点在右脚右后方，双腿屈腿半蹲，如图3-25所示。

图3-22 第1拍

图3-23 第2拍

图3-24 第3拍

图3-25 第4拍

2）组合动作

（1）预备

背向观众,于舞台侧面准备好。

（2）前奏

［一］1—8拍:双手经体前交叉然后慢慢打开,左手于左斜上方,右手于右斜下方,成顺风旗手位。同时右脚起步后退做三步一撩（四次）。

［二］1—8拍:前4拍,双手不动,脚下原地一步一撩（两次）。后4拍,前后两人交换位置。

［三］1—8拍:同1×8拍动作。

［四］1—8拍:同2×8拍动作。

（3）歌曲

［一］1—8拍:双手经体前交叉然后慢慢打开,右手于右斜上方,左手于左斜下方,成顺风旗手位。脚下右脚起步原地做三步一撩（四次）,同时身体向右转180°,面向前方。

［二］1—8拍:右手不动,左手慢慢经体侧撩起到头上,双手从头上经体前慢慢下来叉腰,脚下右脚起步原地做三步一撩（四次）。

［三］1—8拍:第1拍,双手向左侧方平伸出去,同时右脚向右侧迈出一步。

第2拍,双手从左侧平摊到右侧,同时左脚经右脚前方向右侧迈出一步。

第3拍,右手不动,左手向左后方盘手,同时左脚向左侧伸出。

第4拍,右手不动,左手在头上方成顺风旗姿态,同时左脚点在右脚右后方,双腿屈腿半蹲。

第5—8拍:动作与第1—4拍动作相反。

［四］1—8拍:双手体前交叉打开,经身体两侧到头上盖下来,然后叉腰,脚下三步一撩（四次）。

［五］1—8拍:第1拍,双手打开到身体两侧,同时右脚向右迈出。

第2拍,左手不动,右手大臂不动,小臂向回收,同时左脚向右前方迈步。

第3拍,左手不动,右手收回到胸前,同时右脚再次向右迈出。

第4拍,左手不动,右手向上撩到头顶甩袖子,同时左脚向右前方伸出,脚跟点地。

第5—6拍:双手从右边划到左边,同时左脚向左旁迈出一步,右脚靠在左脚处。

第7—8拍:双手从左边划到右边,同时右脚向右旁迈出一步,左脚靠在右脚处。

［六］1—8拍:动作与［五］相反。

（二）踢踏舞组合

1．学习基本动律

"冈达":动力腿向上提起的同时,主力腿脚掌原地打地一次,如图3-26所示。

2．学习基本动作

1) 动作一

第一基本步——（右脚起步）右脚屈膝抬腿,同时左脚原地"冈达"一次（即：左脚跟不动,脚掌打地一次）。然后右脚落地,两脚交替踏步三次。手分低手位（手于体前45°位置自然摆动）和高手位（手向头上方撩起）两种。接反面动作。

2) 动作二

七下退踏步——（右脚起步）右脚屈膝抬腿,同时左脚原地"冈达"一次。然后右脚落地,左脚屈膝抬腿,同时右脚原地"冈达"两次。然后左脚落地,右脚向前一步。

图3-26　冈达

3) 动作三

退踏步——（右脚起步）右脚屈膝抬腿向后退一步,左脚原地踏一步,然后右脚再向前踏一步。

4) 动作四

滴答步——预备拍：左脚不动,右脚脚跟着地,脚掌抬起。

第1拍：右脚脚掌打地,落地同时左脚抬起。

第2拍：左脚落地,同时右脚脚跟着地,脚掌抬起。

第3拍：右脚脚掌打地,同时左脚抬起。

第4拍：左脚落地,同时右脚脚跟着地,脚掌抬起。

3．学习组合动作

1) 组合一：第一基本步组合

[一] 双膝颤动4×8拍。

[二] 双膝颤动,左右脚交替打地4×8拍。

[三] 双膝颤动,左右脚交替抬腿4×8拍。

[四] 双膝颤动,左右脚交替同时抬腿、打地4×8拍。

[五] 双膝颤动,左右脚交替同时抬腿、打地,加三个踏步4×8拍。

2) 组合二：《我要去西藏》组合

《我要去西藏》曲谱如下。

(1) 预备

分两组,左右各站一组,面对面准备出场。

(2) 前奏

4×8拍。第1个8拍双手一前一后交替摆动,同时右脚起步做第一基本步,做2次。边做边向前走。第2个8拍继续向前走,第3个8拍两组走到面对面位置,第4个8拍两组同时转身面向前方。

(3) 歌曲

[一] 1—8拍：双手叉腰,脚下做七下退踏步两次。

[二] 1—4拍：同[一]中的1—4拍动作。

5—8拍：双手先向左再向右摆动，共4次。左脚不动，右脚原地跺步4次。

［三］1—8拍：动作同［一］。

［四］1—8拍：动作同［二］。

我要去西藏

1=C 2/4

石磊 曲

（乐谱略）

［五］4×8拍：双手一前一后交替摆动，同时右脚起步做第一基本步，边做动作边向右自转一圈。

［六］1—8拍：双手一前一后交替摆动，同时右脚起步做第一基本步，边做动作两人边交换位置。左边的人在前面走，右边的人在后面。

［七］1—8拍：双手一前一后交替摆动，同时右脚起步做第一基本步，边做动作两人边交换位置。左边的人在前面走，右边的人在后面。

［八］1—8拍：双手前后摆动，脚下退踏步。共4次。

［九］1—8拍：双手前后摆动，脚下退踏步。两组人面对面，边做动作边后退。共4次。

[十] 1—8 拍:双手前后摆动,脚下退踏步。两组人面对面,边做动作边向前进。共 4 次。

[十一] 1—8 拍:双手前后摆动,脚下退踏步。身体回到正前方。共 4 次。

[十二] 1—4 拍:双手从右边撩起,再划到左边,同时右脚先起做抬踏步。然后双手同时先向右摆臂,再向左摆臂,同时左脚原地跺两次。

5—8 拍:动作同 1—4 拍,方向相反。

[十三] 1—8 拍:动作同 [十二]。

[十四] 1—8 拍:双手从身体两侧下来到前下方,经交叉再打开。脚下第 1 拍右脚起步原地跳一下,然后接滴答步 8 次。

[十五] 1—4 拍:双手继续体前交叉打开成顺风旗位,脚下滴答步 4 次。

5—8 拍:手臂动作同 1—4 拍,脚下滴答步 4 次。

[十六] 最后 3 拍:左手向后绕,右手从右下方向上撩起到斜上方停住。

知识链接

(1)"哈达":一种白色纱或丝绸质地的织品,长 1~2 米,宽 20~30 厘米。每逢贵宾、长者来临,都会以此物敬献,以表敬意。

(2)"邦典":又称围裙,也是藏族服装的独特之处。它或鲜艳夺目,或素雅恬静,是已婚女性所必备的饰品,也是藏族女性成熟的标志。

讨论题

1. 说一说你对于藏族舞蹈风格特点的理解。
2. 藏族舞蹈有哪些种类?
3. 藏族服饰的特点是什么?
4. 藏族舞蹈弦子和踢踏的区别是什么?
5. 应今后幼儿园的实际舞蹈教学需要,请说说藏族舞蹈的基本体态和基本动律的规格要领并演示。

实训课堂

1. 请同学们结组,互相提问藏族弦子舞基本手位,要求快速准确地回答并演示。
2. 学会藏族弦子舞撩步组合并进行表演。
3. 学会藏族弦子舞靠步组合并进行表演。
4. 学会藏族弦子舞《再唱山歌给党听》组合并进行表演。
5. 学会藏族弦子舞第一基本步组合并进行表演。
6. 学会藏族弦子舞《我要去西藏》组合并进行表演。
7. 请你根据所学内容或上网收集相关资料,创编藏族弦子舞幼儿舞蹈短剧。

第三节 蒙古族舞蹈

学习导语

蒙古族生活在广袤的大草原上,又是游牧民族,因而蒙古族舞蹈具有豪放粗犷的特点。通过本章的学习,了解蒙古族的风土人情及舞蹈文化,了解蒙古族舞蹈的风格特点,掌握蒙古族舞蹈的不同手位及组合动作,掌握马步动作,并能完整、有表情地跳出舞蹈组合。

教学目标

1. 了解蒙古族舞蹈的基础知识。
2. 了解蒙古族舞蹈的风格特点和种类。
3. 掌握蒙古族舞蹈的基本动律和基本手位。
4. 学会蒙古族舞蹈的硬腕组合和马步组合。

知识篇

一、蒙古族的文化、服饰及风土人情

蒙古族历史悠久又富传奇色彩,主要分布在亚欧大陆东北部的高原上。这里有广袤、美丽的大草原,清新的空气,以及纯朴豪放、性格坚韧的蒙古族人民。蒙古族人民以经营畜牧业为主,长期生活在草原上,蒙古包是蒙古族的传统住房。

蒙古族的饮食有粮食、奶食和牛羊肉食,特别喜爱喝奶茶、马奶酒。其中奶品中有奶豆腐、奶疙瘩、奶干、奶酪、奶油、酸奶等。

赛马、摔跤、射箭都是草原上最激动人心的传统体育娱乐活动。历史悠久的传统节日"那达慕"大会就源于这三项竞技活动,它是蒙古族最为盛大、影响广泛的节日。每年七八月份,男女老少都会穿着节日盛装,竞相赶来,宁静的草原上立刻沸腾起来。

蒙古族服装有其独特的传统文化的特色,特别是在传统的节日里,他们都是盛装出席,为节日增添很多喜气。蒙古族服饰主要以长袍为主,根据地域的不同,样式也略有不同,还配有帽子、腰带、靴子以及各种饰品等。

蒙古族是能歌善舞的民族,自古就有"音乐民族"之称。无论是宴会还是节日,他们通常会用歌声相互交流,体现对现实生活的赞美,以及对美好未来的憧憬。蒙古民歌有长短调之分,充分反映出蒙古族人民质朴、爽朗、热情、豪放的性格。

二、蒙古族舞蹈的风格特点及种类

蒙古族人民能歌善舞,舞蹈的风格独特,节奏明快,热情奔放,其中肩和手腕的动作尤为突出。女性动作柔美欢快,轻盈洒脱。男性动作矫健威武,热情豪迈。传统的民族舞蹈有安代舞、马刀舞、鄂尔多斯舞、盅碗舞和筷子舞等形式,体现了蒙古族人民热情、淳朴、豪迈的性格特征。

(一) 安代舞

安代舞是蒙古族传统的舞蹈形式之一,产生于内蒙古科尔沁大草原的库伦旗。传说安代舞是一种驱病降魔的舞蹈,这种舞蹈是以集体舞的形式展现的,分为歌唱和舞蹈两部分,舞蹈时歌唱的人边歌边舞,其他的人手拿绸子围圈起舞。

安代舞历史悠久,风格浓郁,堪称蒙古族集体舞蹈的"活化石"。2006年5月20日,被列入第一批国家级非物质文化遗产名录。

(二) 盅碗舞

盅碗舞也称打盅子,流行于内蒙古自治区的鄂尔多斯,传说是古代打仗获胜庆功时,人们击酒盅助兴的一种舞蹈。舞蹈者头顶三至四个瓷碗,双手各持一对瓷酒盅,挥臂甩腕,相互敲击,发出清脆的响声;有时也有舞者双手各托一盏燃着的灯起舞。舞蹈端庄凝重,欢快轻盈,体现了蒙古族女性勤劳、朴实的个性特征。

(三) 筷子舞

筷子舞,顾名思义,就是以敲击筷子为表演形式的舞蹈。这种舞蹈流传于内蒙古的鄂尔多斯地区,舞蹈时舞蹈者边舞蹈边灵巧地用筷子敲打手部、肩部、腰部、腿部等部位,还可击打地面、台面,并伴有手腕灵活地翻动,肩部轻松地抖动,再加上脚下欢快的步伐和矫捷的跳跃,使得舞蹈欢快轻盈,优美矫健。

实践篇

一、学习蒙古族舞蹈的基本动作

(一) 基本动律

1. 硬肩(也叫整肩)
双肩有节奏地前后交替运动,一拍一次,如图3-27和图3-28所示。

2. 硬腕
手腕有节奏地上下提压,一拍一次,如图3-29和图3-30所示。

第三章 中国民族民间舞

图3-27 硬肩正面

图3-28 硬肩侧面

图3-29 提

图3-30 压

（二）学习蒙古族舞蹈手位

蒙古族舞蹈手位具体如下。

(1) 一位：双臂前伸于小腹前，手心向下，如图3-31所示。

(2) 二位：双臂体前斜下举，手心向下，如图3-32所示。

图3-31 一位

图3-32 二位

(3) 三位：双臂侧平举，手心向下，如图 3-33 所示。
(4) 四位：双臂斜上举，手心向下，如图 3-34 所示。

图3-33　三位　　　　　　　　　图3-34　四位

(5) 五位：双手于胯旁按掌，如图 3-35 所示。
(6) 六位：双臂肩上弯曲，手指触肩，如图 3-36 所示。

图3-35　五位　　　　　　　　　图3-36　六位

(7) 七位：双手握拳，拇指伸出插在腰间，手背向上，如图 3-37 所示。
(8) 八位：双臂后背于体后按掌，如图 3-38 所示。

图3-37　七位　　　　　　　　　图3-38　八位

二、学习蒙古族舞蹈组合

(一)硬腕组合

1. 学习基本动作

1) 动作一

(1) 双手于胸前交替提压腕,脚下平步。

(2) 双手于托按掌位交替提压腕,右脚向后撤一步,成踏步蹲。

2) 动作二

第1拍双手从前面提起到头顶,同时右脚向右迈一步(图3-39);第2拍双手经身体两侧下来,左脚并过来(图3-40);第3拍双手提起到左手托掌位,右手山膀位,同时右脚再向右迈一步(图3-41);第4拍双手不动,同时重心移到右脚,左脚尖点地。

图3-39 第1拍

图3-40 第2拍

图3-41 第3拍

3) 动作三

(1) 双手于身体两侧提压腕;脚下进退步,如图3-42～图3-44所示。

图3-42 动作三(1)

图3-43 动作三(2)

图3-44 动作三(3)

(2)双手于体前下方提压腕,然后慢慢抬起;脚下踏跶步,如图3-45~图3-47所示。

图3-45 动作三(4)

图3-46 动作三(5)

图3-47 动作三(6)

4)动作四

(1)双手提压腕从一位到四位,动作四拍一变;脚下右脚先走,两脚交替做措步。

(2)双手提压腕从一位到四位,动作四拍一变;脚下转身向后,右脚先走,两脚交替做平步。

5)动作五

右手后斜上方,左手前斜下方,双手交替提压腕;脚下右脚前虚步,如图3-48所示。然后接反面动作。

6)动作六

双手一个于体前,另一个于体旁,同时提压腕,最后一拍双手上举;脚下先迈右脚,同时提压脚跟,左腿吸腿,如图3-49所示。然后接反面动作。

图3-48 动作五

图3-49 动作六

7）动作七

双手提压腕从前下方慢慢抬起；脚下半蹲做平步，右脚先走向右转一圈，边走边起身。然后做反面动作。

2．学习蒙古族舞蹈组合动作

《我是公社小牧民》曲谱如下。

我是公社小牧民

1=D 2/4　　　　　　　　　　　　　词曲　杨永华

活泼地

（6 6 3 3 ｜ 5 3 2 1 ｜ 3 3 5 1 2 1 ｜ 6 2 3 ｜ 6 0 ）

6 6 3 ｜ 2 1 6 ｜ 3 6 2 3 ｜ 6 - ｜ 6 6 3 5 1 2 3 ｜

2 5 3 1 ｜ 6 - ｜ 6 0 6 0 ｜ 5 6 5 3 ｜ 6 5 6 ｜ 3 2 3· ｜

1· 2 3 5 ｜ 2 3 6 ｜ 1 6 2 1 ｜ 6 - ｜ 6· 1 6 5 ｜ 6 ｜

2· 5 ｜ 3 2 3 ｜ 1· 2 3 5 ｜ 2 3 6 ｜ 1 6 2 1 ｜ 6 - ｜

结束句

3 6 2 3 ｜ 6 - ｜ 6 0 ‖

1）第一遍音乐

出场动作：1—8 拍：第 1—4 拍双手于胸前交替提压腕，脚下平步；第 5—8 拍双手于托按掌位交替提压腕，右脚向后撤一步，成踏步蹲（共 4 个 8 拍）。

[一]1—8 拍：第 1—4 拍，第 1 拍双手从前面提起到头顶，同时右脚向右迈一步；第 2 拍双手经身体两侧下来，左脚并过来；第 3 拍双手提起到左手托掌位，右手山膀位，同时右脚再向右迈一步；第 4 拍双手不动，同时重心移到右脚，左脚尖点地。

5—8 拍：与 1—4 拍动作相反。

[二]1—8 拍：同[一]的动作（反复一遍）。

2）第二遍音乐

[一]1—8 拍：双手于身体两侧三位手交替提压腕，4 次；同时脚下进退步，做两次。

[二]1—8 拍：双手于身体左前下方交替提压腕，4 次，同时慢慢抬起到左上方；脚下右脚在前踏跶步，4 次。

[三]1—8 拍：双手同时提压腕从一位到二位，动作每 4 拍变换一个手位；脚下先走右脚，两脚交替做措步。

[四]1—8 拍：双手同时提压腕从三位到四位，动作每 4 拍变换一个手位；脚下先

走右脚,两脚交替做措步。

[五]1—8拍:双手同时提压腕从一位到四位,动作每4拍变换一个手位;脚下转身向后先走右脚,两脚交替做平步。

3) 第三遍音乐

[一]1—8拍:左手于身体后斜上方,右手于身体前斜下方,双手同时提压腕;脚下右腿弯曲,左腿前虚步点地。

[二]1—8拍:动作与[一]的动作相反。

[三]1—8拍:身体对左前方,双手右手于体前平伸,左手于体侧平伸,同时提压腕;脚下先迈左脚,同时提压脚跟,右腿吸腿于左腿后下方。共做4次,最后一拍双手提腕上举。

[四]1—8拍:动作与[三]的动作相反。

[五]1—8拍:双手交替提压腕从前下方慢慢抬起到头上;脚下半蹲做平步,右脚先走向右转一圈,边走边起身。

[六]1—8拍:动作与[五]的动作相反。

结束:双手叉腰,右脚在前踏步。

(二) 马步组合

马步组合曲谱如下。

夏 牧 场 彩 虹

1. 学习手臂基本动作

手臂基本动作具体如下。

(1) 勒马,如图3-50所示。

(2) 加鞭,如图3-51所示。

(3) 挥鞭:加鞭动作在头上挥动。

图3-50 勒马

图3-51 加鞭

2．学习马步

1) 动作一

马走步：左手叉腰，右手向前伸出，做勒马缰动作。右脚先走，一拍一步向前走。

2) 动作二

马跑步：左手向前平伸，做勒马缰动作，右手头上挥鞭动作。第1拍前半拍，右脚向前迈一大步，后半拍，左脚在右脚旁垫一小步。第2拍，右脚再向前迈一小步。

3) 动作三

马跳步：正步准备，第1拍，双手向前平伸，做勒马缰动作，双腿原地跳步一次后屈腿。第2拍，左手不动，右手头上挥鞭。左腿原地直膝向上跳起，同时右腿吸腿于左腿旁。

4) 动作四

垫步马步：左手向前平伸，做勒马缰动作，右手头上挥鞭动作。第1拍，右脚向前踏出一步，同时屈膝。第2拍，左脚前脚掌向上踮起，同时右脚离地。

5) 动作五

进退马步：右手叉腰，左手向左前平伸，做勒马缰动作。第1拍，右脚向前迈出一步，同时左脚原地抬脚一次。第2拍，右脚向后退一步，同时左脚再原地抬脚一次。

6) 动作六

摇篮马步：右手叉腰，左手向左前平伸，做勒马缰动作。双腿交叉，双脚外侧着地，身体重心随左右脚交替落地而移动。

7) 动作七

滑步马步：双手向前平伸，做勒马缰动作。第1拍，双腿并拢屈膝，两脚交替踏地两步。第2拍，右脚落地同时左腿向左旁伸出。两脚交替做动作。

8) 动作八

长跑马步。

3．学习组合动作

前奏：舞台6点准备，面向2点右手单手勒马于体前，左手叉腰。右腿直立，左腿提膝,脚尖于右脚旁点地。

1) 第一遍音乐

[一]1—8拍:(出场)左手叉腰,右手勒马缰做提压腕动作,一拍一次。同时右脚起步,向3点(横排)做行进的马走步,走8步。

[二]1—8拍:动作同[一],如图3-52所示。

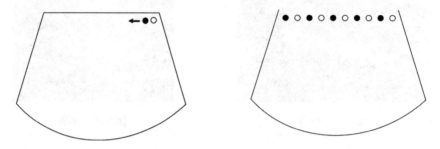

图3-52　向3点做马走步

[三]1—8拍:左手叉腰,右手勒马缰做提压腕动作,一拍一次。同时右脚起步,向8点(斜排)做行进的马走步,走8步。

[四]1—8拍:动作同[三],如图3-53所示。

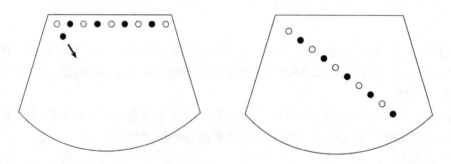

图3-53　向8点做马走步

[五]1—8拍:左手叉腰,右手勒马缰做提压腕动作,一拍一次。同时右脚起步,向左(斜排)做行进的马走步自转一圈,走8步,如图3-54所示。

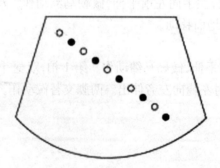

图3-54　向左做马走步

[六]1—8拍：左手叉腰,右手勒马缰做提压腕动作,一拍一次。同时右脚起步,向1点（横排）做行进的马走步,走8步,如图3-55所示。

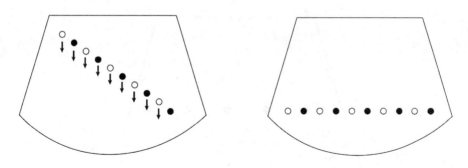

图3-55　向1点做马走步

2）第二遍音乐

[一]1—8拍：第一组人右手叉腰,左手勒马缰做提压腕动作,一拍一次。同时右脚向左前方上一步,原地做摇篮马步。第二组人双手勒马滑步马步,后退8次,如图3-56所示。

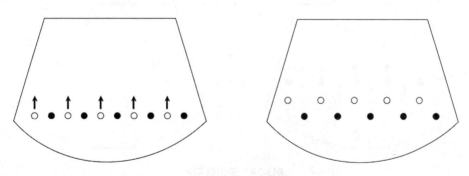

图3-56　两组队形1

[二]1—8拍：第一组人双手勒马滑步马步,后退8次。第二组人左手勒马右手扬鞭,右脚起步向1点做长跑马步,如图3-57所示。

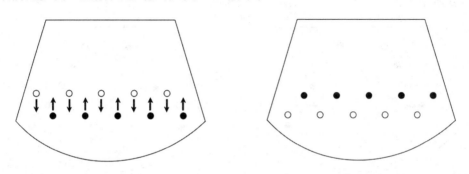

图3-57　两组队形2

[三] 1—8拍：两组同时左手勒马右手扬鞭，做垫步马步，边做边向左转两圈，如图3-58所示。

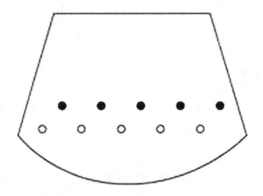

图3-58　两组队形3

[四] 1—8拍：第1—4拍，面向1点，双手经身体两侧到胸前，腕花后双手勒马；第5—8拍，碎步调整好队形（八字），如图3-59所示。

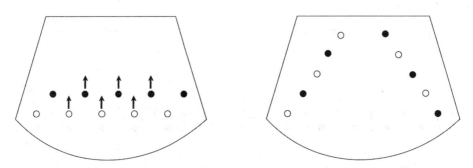

图3-59　两组队形4

[五] 1—8拍：左边的人左手叉腰，右手勒马缰，左脚进退马步，边做边向右边走；右边的人右手叉腰，左手勒马缰，右脚进退马步，边做边向左边走。两组交换位置，如图3-60所示。

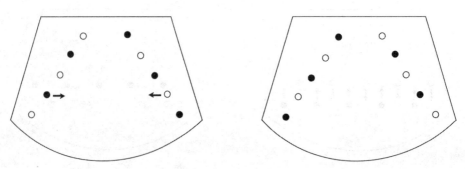

图3-60　两组队形5

[六]1—8拍：左手叉腰,右手勒马缰做提压腕动作,一拍一次。同时右脚起步,向1点、5点做行进的马走步（横排）,如图3-61所示。

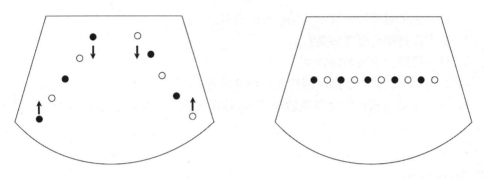

图3-61　向1点、5点做马走步

2—8拍：左手叉腰,右手勒马缰做提压腕动作,一拍一次。同时右脚起步,向7点（横排）做行进的马走步,走4步,如图3-62所示。然后右手叉腰,左手勒马缰做提压腕动作,一拍一次。同时右脚起步,向3点做后退的马走步,走4步（横排）。

3—8拍：动作同2—8拍。

4—8拍：动作同2—8拍。

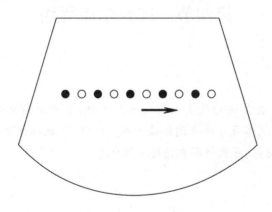

图3-62　向7点做马走步

知识链接

马　头　琴

蒙古族舞蹈的很多音乐都源自马头琴。马头琴是蒙古族最具特色的传统乐器,因琴杆上端雕刻着一个精致的马头而得名,流传至今已有一千三百多年的历史。马头琴的音色低沉悠扬、悦耳动听,使人仿佛置身于茫茫无边的大草原中。有人形容:"对于草原的描述,一首马头琴的旋律远比画家的色彩和诗人的语言更加传神"。

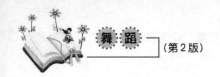

 讨论题

1. 说一说你对蒙古族舞蹈风格特点的理解。
2. 蒙古族舞蹈有哪些种类?
3. 说一说蒙古族服饰的特点。
4. 思考为什么蒙古族舞蹈道具大多和餐具有关。
5. 应今后幼儿园的实际舞蹈教学需要,请说说蒙古族舞蹈基本动律的规格要领并演示。

 实训课堂

1. 请同学们结组,互相提问蒙古族舞蹈基本手位,要求快速准确地回答并演示。
2. 学会蒙古族舞蹈硬腕组合并进行表演。
3. 学会蒙古族舞蹈马步组合并进行表演。
4. 请你根据所学内容或上网收集相关资料,创编蒙古族幼儿舞蹈短剧。

第四节　维吾尔族舞蹈

学习导语

了解新疆维吾尔族的风土人情及舞蹈文化,了解新疆维吾尔族舞蹈的风格特点。通过学习掌握维吾尔族舞蹈颤膝的基本动律,掌握维吾尔族舞蹈的手位及脚位动作,学会组合动作,并能够有表情地表演组合。

教学目标

1. 了解维吾尔族舞蹈的基础知识。
2. 了解维吾尔族舞蹈的风格特点和种类。
3. 掌握维吾尔族舞蹈的基本动作、基本动律、手位和步法。
4. 学会维吾尔族舞蹈的点步组合、三步一抬组合。

知识篇

一、维吾尔族的文化、服饰及风土人情

在祖国的西北地区,有一个我国面积最大的省级行政区——新疆维吾尔自治区,简称新疆。那里主要聚集着维吾尔族人民,此外还有汉族、哈萨克族、回族、蒙古族、塔吉克族等13个民族的人民。那里风景优美,自然景观奇特,人们常用"冰峰与火洲共存,瀚海与绿洲为邻"来形容,是人们向往的旅游胜地。

新疆维吾尔自治区自然条件独特,物产丰富,主要农产品有棉花、啤酒花、枸杞、哈密瓜、葡萄等。那里的人们喜爱喝奶茶、吃馕、涮羊肉等,我们爱吃的烤羊肉串就是新疆最具特色的风味小吃。

新疆维吾尔自治区人们的传统服饰也是相当讲究,一般是上衣过膝,裤子到脚面。男性喜欢穿"袷袢",也就是右衽斜领无纽扣的长上衣,腰间佩长腰带。

中青年男性喜欢穿西式长裤佩小花格衬衫。女性喜欢穿裙装,佩西式上装,头戴花帽,或系纱巾,或围系大方围巾,喜欢佩戴耳环、手镯、项链等首饰。

新疆维吾尔自治区被称为"歌舞之乡",那里的人们能歌善舞,热情奔放。盛大节日和喜庆吉日,或是劳动之余,维吾尔族男女老少都要伴着"达甫"(手鼓)等唱歌跳舞,节奏欢快,舞姿轻巧,情绪炽烈。

二、维吾尔族舞蹈的风格特点及种类

(一)维吾尔族舞蹈的风格特点

维吾尔族舞蹈主要突出表现的是头部和手腕的动作。头部有移颈、摇动、挑等动作;手部有翻腕、绕腕、弹指等动作,特别是"先正看而后低首闭目"的眉眼运用,使舞蹈出神入化,赏心悦目。

杰出的舞蹈家、教育家康巴尔汗将质朴的民间特色与芭蕾舞的形态特征相结合,最终形成维吾尔族舞蹈的立腰、挺胸、拔背等姿态,给人一种既沉稳、含蓄,又高傲向上、挺拔外向的感觉;切分、附点节奏的运用是维吾尔族舞蹈节奏的鲜明特征。再加上弱拍强烈的艺术处理,使舞蹈更加彰显民族特色;膝部的颤动是维吾尔族舞蹈的一大动作特征,通过膝盖有规律地微颤而体现出动作的自然潇洒、端庄秀美。

(二)维吾尔族舞蹈的种类

维吾尔族舞蹈风格独特,是深受人们喜爱的民间歌舞艺术。其舞蹈种类有"赛乃姆""手鼓舞""刀郎舞""萨玛舞""拉孜库姆""夏地亚娜""道具舞"等。

1. 赛乃姆

维吾尔族的人们在喜庆的日子里,不管男女老少都喜欢跳一种叫赛乃姆的自娱性舞蹈。赛乃姆来自阿拉伯语,意为美丽的偶像。

舞蹈主要表现身体各个部位的动作,如移颈、摇头、绕腕、翻掌、推手、弹指等,舞蹈姿态多为托帽式、挽袖式、眺望式、抚胸式,舞蹈步伐以"三步一抬"为主,舞蹈具有含蓄、端庄、典雅、抒情、稳健等风格。赛乃姆是"麦西热甫"活动中重要的群众娱乐形式。

2. 刀郎舞

刀郎舞主要是表现刀郎人狩猎生活的舞蹈。它历史悠久、形式完整,是一种自娱性的舞蹈。人们常在"麦西热甫"这种群众性的娱乐聚会活动中载歌载舞,沉浸在祥和、欢快的情绪之中。

3. 夏地亚娜

夏地亚娜最初是一种宗教祭祀舞蹈,源自古代的祭祀活动,后来逐步发展变化成为民间娱乐形式。这种舞蹈具有欢快、流畅、明朗、喜庆的风格。

实践篇

一、学习维吾尔族舞蹈的基本动作

（一）学习维吾尔族舞蹈基本手型

维吾尔族舞蹈基本手型如图3-63所示。

图3-63　手型

（二）学习维吾尔族舞蹈基本动律

腿部颤动：膝盖有规律地上下颤动,动律重拍向上。

（三）学习维吾尔族舞蹈手位

维吾尔族舞蹈手位具体如下。

(1) 手位一：双臂于身体两侧平伸,双手立腕,如图3-64所示。

(2) 手位二：右手于胸前立腕,左手平伸于体侧,如图3-65所示。

(3) 手位三：右手于胸前立腕,左手向上伸到头部上方立腕,如图3-66所示。

(4) 手位四：双手向上伸到头部上方立腕,如图3-67所示。

第三章 中国民族民间舞

图3-64 手位一

图3-65 手位二

图3-66 手位三

图3-67 手位四

（5）提裙位：双手于身体两侧斜下方立腕，如图3-68所示。

（6）托帽位：左手向左斜上方伸出立腕，右手手臂弯曲于头后方帽子旁边（可做反面动作），如图3-69所示。

图3-68 提裙位

图3-69 托帽位

(7) 顺风旗位：右手于身体右侧立腕，左手于头上方立腕（可做反面动作），如图3-70所示。

图3-70 顺风旗位

（四）学习维吾尔族舞蹈步法

1．点步

前点：双手叉腰；左脚不动，右脚向前伸出，脚尖点地；同时左腿膝盖上下颤动。

旁点：双手叉腰；左脚不动，右脚向右旁伸出，脚尖点地；同时左腿膝盖上下颤动。

后点：双手叉腰；左脚不动，右脚向右后方伸出，脚尖点地；同时左腿膝盖上下颤动。

点转：双手叉腰；右脚向右旁伸出，脚尖点地做点步；右脚每点一次，左脚原地辗转一次；同时左腿膝盖上下颤动。

点移：双手叉腰；右脚脚尖向左后方迈出一步，同时身体重心移至右脚，然后左脚向左旁跨出一步；反面动作同前。

2．三步一抬

双手叉腰；右脚起步向前走三步（一拍一步），第四步时左脚向后快速抬起，同时右脚原地压脚跟。可向前及斜前方行走，也可向后及斜后方行走，还可向旁行走。

3．横垫步

双手叉腰；右脚在前，左脚在后，小踏步准备。第1拍，右脚左迈出一小步，同时脚跟及脚外侧从右向左碾压落地。第2拍，左脚向左旁跨出一小步。一拍一步循环进行。

4．进退步

双手叉腰；第1拍，右脚向前进一步，第2拍，左脚原地踏一步，第3拍，右脚向后退一步，第4拍，左脚原地再踏一步。

5．垫踏步

预备双手叉腰；左脚在前，右脚在后。预备拍最后1拍右脚向上抬起。第1拍，右脚前脚掌落地，身体随着向上提起，同时左脚离地。

二、学习维吾尔族舞蹈组合

(一)点步组合

预备：双手提裙，手立腕；左脚原地不动，右脚前点步；最后4拍脚和身体随音乐节奏起伏，左右摆动。点步组合曲谱如下。

掀起你的盖头来

1=G 2/4
♩=110
维吾尔族民歌

5 1 1 4 3 | 2. 4 3 ‖: 3 3 1 1 4 3 | 2. 4 3 0 | 4 4 4 5 4 | 3 4 3 2 1 0 | 2 2 2 2 4 3 2 |

1 5 5 5 | 4 4 4 5 4 | 3 4 3 2 1 0 | 2 2 2 2 4 3 2 | 1 1 1 0 :‖

1．第一遍音乐

[一] 1—4拍：第1—2拍双臂身体前下方交叉后打开，同时双腿屈膝移重心至右脚，然后双腿直立；第3拍双手腕花后成提裙位亮相，同时左脚脚尖点地；第4拍原地保持姿态不变。

5—8拍：原地保持1—4拍姿态，左脚脚尖点地做基本动律4次。

[二] 1—4拍：第1—2拍双臂体前交叉平穿后打开；左脚向正后方撤，右腿撤一步，双腿经屈膝移重心至左脚；第3拍双手腕花后成双山膀立腕位亮相；第4拍原地保持姿态不变。

5—8拍：原地保持1—4拍姿态，右脚脚尖点地做基本动律4次。

[三] 1—2拍：双手交叉经头上分开到身体两侧；右脚向右旁迈出一步，双脚重心，同时双腿屈膝。

3—4拍：左手经体侧撩起到头上方手心向上，右手直接翻掌到胸前手心向下；双脚原地不动，重心移至右脚，左脚做旁点步。

5—8拍：动作与1—4拍动作相反。

[四] 1—8拍：舞姿不变，以左脚为轴，右脚尖点地一拍一次向右点转一周。

[五] 1—8拍：同动作[三]。

[六] 1—8拍：同动作[四]。

2．第二遍音乐

[一] 1—4拍：第1—2拍双臂由身体经下方，双手手心向上撩起；同时右脚向左前方上一步。第3拍双手腕花后成顺风旗手位，即右手到头上托掌位，左手在身体左旁山膀位；同时左脚于左旁，成左旁点步；同时下左旁腰。第4拍原地保持姿态不变。

5—8拍：原地保持1—4拍姿态，左脚脚尖点地做基本动律两次。

[二] 1—8拍：动作与[一]动作相反。

[三] 1—4拍：第1拍双手于胸前交叉立腕；同时右脚向左后方撤步一步成右踏步半蹲。第2拍双臂打开成双山膀位立腕；同时左脚向左旁撤步一步，脚尖点地，双腿伸直，

同时身体重心向左移一下。

5—8拍：动作与1—4拍动作相反。

［四］1—4拍：第1—2拍左手向上撩起经脸前盖掌下来到右肩前，立腕停住；同时右脚向前迈一步。第3—4拍右手向上撩起经脸前盖掌下来到左肩前，立腕停住；同时左脚向前迈一步与右脚并住。

5—8拍：原地保持1—4拍姿态，同时移颈3次。

［五］1—8拍：动作同［三］。

［六］1—8拍：动作同［四］。

3．第三遍音乐

［一］1—4拍：第1—2拍双手右手在前左手在后于胸前交叉；同时右脚向左前方进一步。第3—4拍双手打开成托帽位；同时右脚向后撤一步，脚尖点地成后点步。

5—8拍：原地保持1—4拍姿态，左脚脚尖点地做基本动律两次。

［二］1—8拍：双手保持托帽位；右脚起步垫踏步4次；同时身体向左自转一周。

［三］1—8拍：动作与［一］相反。

［四］1—8拍：动作与［二］相反。

［五］1—8拍：第1—4拍双臂打开平伸于身体两侧手心向上，左脚起步向前走3步。第5—8拍双臂屈肘于胸前，小臂交叉后腕花一次，立腕停住；眼睛看一点亮相；同时脚下成右踏步。

［六］1—8拍：姿态不变，右脚点步，基本动律3次。

（二）三步一抬

三步一抬组合曲谱如下。

达板城的姑娘

维吾尔族民歌

1=G 2/4
中板

(X.℟ ℟℟ 0X℟ | XX ℟) | 6667 11 | 2332 16 | 661 231 | 2 6 |

332 36 | 3532 16 | 6123 127 | 6 - | 665 61 | 6165 53 |

5535 654 | 3 - | 3456 543 | 5432 1 | 231 217 | 6 - ‖

1．第一遍音乐

［一］1—8拍：双手叉腰左肩在前，右脚开始向前做三步一抬，双脚交替共做4次。

［二］1—8拍：动作同［一］。

［三］1—8拍：双手叉腰右肩在前，右脚开始向后做三步一抬，双脚交替共做4次。

［四］1—8拍：动作同［三］。

［五］1—4拍：左手平伸于左前方，右手脱帽位，右脚向左斜前方三步一抬。

5—8拍：右手平伸于右前方，左手脱帽位，左脚向右斜前方三步一抬。

［六］1—8拍：动作同［五］。

［七］1—4拍：双手叉腰左肩在前右脚开始向后退做三步一抬一次。

5—8拍：双手叉腰右肩在前右脚开始向后退做三步一抬一次。

［八］1—8拍：动作同［七］。

2．第二遍音乐

［一］1—4拍：双手于头上方向左做顺腕动作，四拍一次。右脚向左斜前方三步一抬。

5—8拍：双手于头上方向右做顺腕动作，四拍一次。左脚向右斜前方三步一抬。

［二］1—8拍：动作同［一］。

［三］1—8拍：双手从头上分开，慢慢下来到身体前下方，右脚开始三步一抬后退两次。

［四］1—8拍：双手回收至叉腰位，右脚开始三步一抬后退两次。

［五］1—4拍：左手叉腰，右手经左前方撩手至头上翻腕停住，同时右脚向左斜前方三步一抬。

5—8拍：右手叉腰，左手经右前方撩手至头上翻腕停住，同时左脚向右斜前方三步一抬。

［六］1—8拍：动作同［五］。

［七］1—2拍：双手伸开从左边平移到右边，右脚向右迈一步，然后左脚在右脚旁边垫一步。

3—4拍：右手到托掌位，左手到按掌位停住，同时右脚再向右迈一步，左脚于左旁点步停住。

5—8拍：动作与1—4拍动作相反。

［八］1—8拍：动作同［七］。

知识链接

新 疆 花 帽

被维吾尔语称为"朵帕"的新疆花帽，做工精细，是新疆人们极其喜爱的饰物。新疆花帽式样繁多，已有几百年的历史。新疆花帽之所以式样繁多是因为地域不同。

南疆的塔什干花帽，四角凸起，状如升斗，色彩对比强烈，有如盛开的花海；和田的花帽，以金片装饰点缀，为女式高档花帽；喀什地区的男式花帽，最负盛名者当推白花黑底、顶大口小、棱角凸出的巴旦木花帽；吐鲁番的花帽独树一帜，其整个花帽布满四组丰盈的花朵，在花帽里可为首屈一指。

每逢节日、婚礼盛会、走亲访友时，维吾尔族人民都会戴上漂亮的花帽来装扮自己。如今花帽已被更多人喜欢，成为精美的艺术品。

本章小结

东北秧歌的最大特点是"稳中浪、浪中哏、哏中俏,踩在板上,扭在腰上"。同时,花样繁多的"手绢花",节奏明快、富有弹性的鼓点,哏、俏、幽、稳、美的韵律,都是东北秧歌的特色。

藏族人民的历史文化、社会制度、风俗信仰、地理环境、生产方式等决定了藏族舞蹈的基本特征。各种类不同藏舞的共同特征是"顺""颤""开""左""绕"。藏族舞蹈体态动律的特点是膝关节有连绵不断的屈伸或者富有弹性的颤膝,屈伸或颤膝带动重心的转移,上肢随动,上下身协调配合。

蒙古族人民能歌善舞,筷子舞、安代舞、盅碗舞等是蒙古族舞蹈的代表。蒙古族舞蹈动作多以肩部、臂部和腕部动作的变换为主,模仿雄鹰翱翔天际和骑马奔驰的动作也十分常见。舞姿造型多挺拔豪迈,表现出英姿飒爽的感觉。

维吾尔族舞蹈的主要特点表现在膝部的上下微颤与上身的横向摆动,以及身体其他部位动作的协调配合。另外,移颈、翻腕、打响指及各种形式的旋转和丰富的眼眉动作都是维吾尔族舞蹈的重要标志。音乐伴奏多用符点和切分音节奏,弱拍处给以强处理。

讨论题

1. 说一说你对于维吾尔族舞蹈风格特点的理解。
2. 思考维吾尔族舞蹈风格特点形成的原因。
3. 说一说新疆维吾尔族服饰的特点。
4. 维吾尔族舞蹈有哪些种类?
5. 应今后幼儿园的实际舞蹈教学需要,请说说维吾尔族舞蹈基本动律的规格要领并演示。

实训课堂

1. 请同学们结组,互相提问维吾尔族舞蹈的基本手位和步法,要求快速准确地回答并演示。
2. 学会蒙古族舞蹈点步组合并进行表演。
3. 学会蒙古族舞蹈三步一抬并进行表演。
4. 请你根据所学内容或上网收集相关资料,创编维吾尔族幼儿舞蹈短剧。

幼儿舞蹈

学习导语

　　幼儿舞蹈在幼儿艺术教育中发挥着十分重要的作用,它可以开发幼儿的艺术潜能;培养幼儿良好的气质;增强幼儿各种学习能力;促进幼儿良好意志品质的形成;等等。

　　通过本章的学习,明确幼儿舞蹈的意义及功能,了解幼儿舞蹈的内容及种类,掌握幼儿舞蹈的结构及特点,学会幼儿舞步及各种组合动作,能够编排出符合幼儿身心特点的舞蹈组合。

教学目标

1. 了解幼儿舞蹈的意义和特点。
2. 了解幼儿舞蹈的种类。
3. 掌握幼儿舞蹈的基本舞步。
4. 学会幼儿舞蹈组合。

 知识篇

一、幼儿舞蹈的意义

　　舞蹈可以陶冶人的情操,可以健美人的体魄,也具有一定的社会教育作用。特别是在幼儿园,舞蹈对孩子影响更是举足轻重。在学习舞蹈的过程中,幼儿通过模仿感受动作带来的快乐,感受音乐中优美的旋律,体验着良好的身心俱健的过程。从而促进了幼儿控制能力和协调能力的发展,对幼儿审美情感、表现创造、意志品质及集体协作的培养都具有非常重要的意义。

　　幼儿舞蹈教育经过多年的发展、演进,越来越受到孩子们的喜爱和家长们的重视。由于幼儿天性活泼好动,因此,学习舞蹈更容易激发他们的学习兴趣,同时,家长也越来越意识到舞蹈教育对培养孩子的各方面能力起到的良好作用,特别是针对非智力因素的

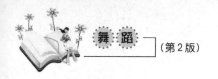

培养,效果尤为显著。

非智力因素是相对智力因素而言,一般认为智力因素包括六个方面,即人的观察力、注意力、记忆力、思维力、想象力、创造力。而非智力因素是指情感、性格、意志、目标、兴趣、抱负、信念、世界观等方面内容。凡成功者大多是具有良好的智力因素和优秀的非智力因素的人。

达尔文曾说过:"我之所以能在科学上成功,最重要的就是我对科学的热爱,对长期探索的坚韧,对观察的搜索,加上对事业的勤奋。"可见,非智力因素对于一个人的成长,起着积极的、至关重要的作用。

幼儿时期是一个人的非智力因素养成及发展的黄金时期。我国古代伟大的教育家孔子对此曾有过这样的论断:"少成若天性,习惯如自然。"这句话的意思是说,人在小的时候养成良好的行为习惯就像天生的一样牢固。当代著名教育家叶圣陶也曾经指出:"什么是教育?简单一句话,就是养成良好的习惯。"

儿童心理学家研究的成果表明,凡人生所需的重要习惯、倾向、态度多半是可以在六岁之前培养成功的。非智力因素是儿童学习的动力,是学习积极的心理机制,使其学习积极性高,态度正确,求知欲旺盛,注意力集中,自制能力强,这就有助于他们未来学习成绩的提高和智能的发展。智力发展不好的孩子,只要非智力因素得到充分发展,可以弥补其智力的不足。所谓"笨鸟先飞""勤能补拙",在优良的非智力因素的促进下,智力发展稍差的孩子在未来也可以获得相应的成就。

我国自古以来对于青少年的艺术教育非常重视。如周代的宫廷教育机构中开设了中国历史上第一个音乐舞蹈学校,贵族子弟们必须接受十余年的舞蹈教育。事实上,贵族子弟的文化素养、个人气质在这里得到了良好的培育与塑造。

随着现代科学技术、研究水平的发展,人们对舞蹈教育的认知进一步升华,舞蹈教育不仅可以促进幼儿身体的健康成长,比如,改善人体的心血管系统,调节呼吸系统,加强神经系统功能,还可以陶冶人的情操,培养人坚强的意志品质。因此,深入研究幼儿舞蹈教育,对培养和提高人的综合素质有着非凡的意义。

(一)幼儿舞蹈对性格的影响

性格是指一个人特有的且固有的行为模式和习惯,并通过待人接物表现出来。性格是对现实稳固的态度以及与之相适应的、习惯化了的行为方式的个性心理特征,是重要的非智力因素之一。爱因斯坦曾这样描述性格:"优秀的性格和钢铁的意志,比智慧和博学更重要,智力的成熟很大程度上是依靠性格的,这点往往超出人们通常的认识。"坚韧的性格能促进人的发展,所以,从小形成良好的性格将使人终身受益。

瑞士心理学家容格把人的性格分为内向和外向两类。内向的性格会使儿童善于观察和思考,做事仔细,持之以恒。他们的不足是不善交际,难以适应环境的变化。外向的性格会使孩子敢说敢做,热情,善于交际,但缺乏耐心和细心,不善于控制自己,注意力不集中。

面对未来竞争日趋激烈的社会,要培养孩子观察和思考的能力,培养他们的耐心和细心,以面对人生的各种挑战。同时,孩子们需要加强人际交往能力,具备良好的团队协作精神,这样才能面对人生的顺流、逆流而立于不败之地。

对于内向的孩子在他们的成长环境中,他们很少与同龄人交流、合作,这对于他们在未来融入社会会造成很大的阻碍。舞蹈训练可以帮助他们改善性格中的缺憾。因为在舞蹈学习过程中,有许多需要相互配合的动作,比如儿童舞蹈《小燕子》中,需要他们两两一组或三五成群互相配合着跳舞或组建造型,这就使孩子需要改变自己来适应相互合作的环境。他们在学习过程中会不断地与他人相处、配合,在不知不觉中逐渐体会到协作的快乐,在不经意间开始与伙伴建立起良好的关系。如若长此以往地坚持训练,他们就会逐渐变得开朗、活泼,在愉悦的情感体验中,形成良好的个性品质。

对于外向性格的孩子,也应该正确地加以引导,扬长避短。在舞蹈课程当中,通过舞蹈动作的细致讲解、反复模仿、练习,增加其耐心,增强细致观察、模仿的能力。一个舞蹈或组合从头至尾,动作从易到难的学习,直至排练完成的整个过程,都可以帮助他们克服做事有头无尾、浮躁等缺点。

人的性格不是一朝一夕就能形成的。虽然性格的形成受到人的先天生理条件的制约,但主要还是在长期的社会生活实践中,受到各方面的影响和教育,长期塑造而成。舞蹈教育活动可以使幼儿在轻松、活泼、愉快的环境中通过肢体语言感受音乐形象,表达自己的思想感情,形成良好的性格倾向。因此,幼儿舞蹈是培养幼儿健全人格的重要手段之一。

(二) 幼儿舞蹈对情感的影响

在现实生活中,情绪和情感是两种难以分离的心理现象,就人的大脑的活动而言,它们都是同一物质过程的心理形式。情绪主要是指那些与生理需要是否得到满足相联系的、比较简单的体验,是人与动物共有的东西。

情绪一般比较不稳定,带有情景性和冲动性。相对于情绪来说,情感是较高级的、稳定的、冲动性弱、社会性强的体验。情感是指对外界刺激肯定或否定的心理反应,如喜欢、愤怒、悲伤、恐惧、爱慕、厌恶等。积极情感推动人的发展,使人保持一定的主动性、积极性,反之,则阻碍人的发展。

幼儿最初更多的是情绪的表现,随着年龄的增长和整个心理活动的发展,情感越来越占主导地位。长期处在孤独、情绪压抑状态下的孩子,心理或多或少会造成一定的扭曲,对一生的发展都会带来不利的影响。

舞蹈教育本身蕴含着浓郁的情感成分,对幼儿的情感培养作用极为显著。教师运用适合幼儿心理的教育方法、语言,可以使幼儿排解他们在生活中产生的不良情绪,这样幼儿不但乐于学习、自觉学习,而且会使他们逐步养成乐观向上的生活态度。

比如,有的幼儿刚来到舞蹈课堂时,模仿能力和基本功都很差,主观上并不喜欢来跳舞。在教师一步步循循善诱的引导、教育和鼓励下,幼儿逐渐能够独立完成所学动作,基本功也有所进步,这就逐步建立起幼儿的自信,经过几个月的舞蹈学习,幼儿会主动要求来学习舞蹈课。

可见幼儿舞蹈教育对于孩子良好情绪、情感形成影响深远。通过舞蹈的学习,孩子们的积极情感得到很好的发展,从而促进人的全面发展,为孩子日后成才提供良好的条件。

(三)幼儿舞蹈对意志力的影响

"宝剑锋从磨砺出,梅花香自苦寒来"。所有的成功,绝不是一帆风顺的,要经历千辛万苦,克服重重困难,才能实现。如果把成功比作大厦,那么顽强的意志、坚忍不拔的毅力就是最坚强的柱石。

在心理学上,意志力的定义是为实现某种目的,在行动上自觉克服困难时表现出来的心理过程。原子说的创造者道尔顿曾说过:"如果我有什么成绩的话,那不是我有才能的结果,而是勤奋和毅力的结果。"意志是认识的动力,意志使认识注意力集中,思维敏捷,精力充沛,使人处在良好的学习状态之中,并能提高学习效率。

幼儿学习舞蹈的过程也是对意志力锻炼的过程,在学习舞蹈的过程中会遇到一些困难和挫折。尤其是基本功的训练,有严格的统一性、规范性,还带有一定的强制性,这些都要求孩子们必须有严格的纪律观念、吃苦精神和坚强的意志。

在练习压腿、下腰、下叉等基本功的时候,有些幼儿由于娇气和畏难情绪,会喊疼、大哭或者是反抗。而在同伴榜样的作用下和老师的鼓励、督导声中,幼儿会逐渐克服这些困难。幼儿具有爱模仿的特点,他们听到老师夸奖一个小朋友腿绷得很直的时候,其余的也会模仿。在榜样的强大威力和教师有方法的指导作用下,达到磨炼幼儿们意志力的目的。

在艰苦的舞蹈训练中,幼儿一定会表现出畏难情绪,教师还要根据幼儿不同的性格特点,有针对性地进行不同的教育。对性格内向的幼儿,主要以鼓励、夸奖为主;对性格外向的幼儿,则以批评、教育为主。通过长期实践,这是比较可行的一种教育方法。根据不同性格,区别对待,因材施教,才能达到最佳的效果。

对幼儿进行此种挫折教育是很有必要的。现在的孩子大部分被家长过度地保护和宠爱,经不起生活中的挫折,在经过艰苦的舞蹈训练并有所收获之后,他们会逐渐提高心理承受力和平衡力,养成知难而上、奋发进取的精神。

这样便提高了幼儿面对逆境的能力,也就是提高了他们的逆商。舞蹈训练使孩子们以最直接的方式亲身体验和感受"只有付出,才有回报"的道理,对于养成孩子们良好的意志品质极为有益,如图4-1所示。

图4-1　幼儿舞蹈1

(四) 幼儿舞蹈对培养良好的兴趣倾向的影响

兴趣对幼儿的学习活动更为重要。我们常说,兴趣是人类的第一老师,有了兴趣才能使人对生活充满动力与活力。兴趣是在需要的基础上形成的,当需要得到满足时,就产生情绪的快感,这种选择性态度,心理学上称其为兴趣。

兴趣随年龄的增长有所变化。幼儿的理想、信念尚未形成,因而学习的动力,多半靠已形成的兴趣左右,如果不能正确地培养与引导,将对孩子的一生产生无法估量的影响。

幼儿的兴趣发展的特点是稳定性差,在幼儿舞蹈启蒙教育过程中应注意培养幼儿良好的兴趣倾向,否则会使孩子对学习舞蹈产生厌烦情绪。舞蹈学习本身是苦尽甘来的过程,教师在舞蹈学习、训练当中应当注意科学性、合理性,劳逸结合,符合幼儿身心的特点。

在教师科学合理的引导下,幼儿将会形成良好、持久、稳固的兴趣倾向。有些幼儿对于学习舞蹈是很有兴趣的,刚开始时会很认真,但是随着长期、大量的基本功的练习,孩子对舞蹈的兴趣也逐渐磨灭。

舞蹈基本功的训练是必要的也是枯燥的,教师如果把基本功的训练音乐改变成幼儿喜爱的歌曲、歌谣,或者是把基本功的训练融合到舞蹈组合的学习中,在科学合理、轻松愉悦的条件下学习会事半功倍,幼儿学习的兴趣也会逐渐地稳固。

(五) 幼儿舞蹈对集体主义观念的影响

集体主义观念是我国公民应具备的基本的道德品质,即每个人都应该拥有合作意识和团队精神。事实证明,现实社会中,人的生存需要方方面面的协作,只有这样,才能求得个人事业的发展,获得个人生活的幸福。

由于各种主客观因素,现在的孩子大多我行我素,以自我为中心,很少顾虑到他人的感受，利他的精神很弱。培养孩子的集体观尤为重要，否则，将来整个社会就会丧失凝聚力，更会给社会的发展前行凸现障碍。幼儿舞蹈表演通常是对孩子们集体主义观念培养的一种重要手段，因为这样的表演常常是以群舞的形式进行排练或演出。最能体现集体的意识和精神风范，在活动中为同一个目标大家互相参与、互相帮助、互相激励，整齐的队形、一致的动作是人们获得艺术审美的标准之一。

如果有一个孩子不与伙伴们同步动作，即使他个人舞蹈感觉再好，技术动作水平再高，也会影响甚至破坏整个画面的美感。在群舞的排练演出中，可以使孩子们明白"一荣俱荣，一损皆损"的道理，教会他们认识到自己只是整个表演任务中的一分子，表演成功是需要靠集体的力量才能取得，因此，在排练时，反复进行步调一致的训练，孩子们就会逐步养成一种自觉自律、瞻前顾后，主动关心帮助他人，团结协作的行为习惯了，如图4-2所示。

图4-2　幼儿舞蹈2

非智力因素在人生漫长的成长旅途中起着极为关键性的作用，从某种意义上讲，它决定着人生的成败与否。一个人的智力水平可以平庸，但如果不具备良好的非智力因素，那么他一定不会获得更好的生活质量及生命质量。

人在幼儿时期的非智力因素的培养又是重中之重。不可否认，舞蹈教育可以培养和提高幼儿的情商和逆商，转变对幼儿发展不利的因素，促进人的全面发展，最终达到使其成材的目的。

二、幼儿舞蹈的特点

1. 幼儿舞蹈具有模仿性

对事物的好奇、模仿是幼儿的天性。他们就是通过观察、模仿来了解各种事物，学习各种事物。幼儿舞蹈的动作正是通过对周围动物、植物以及对自然的模仿来表现舞蹈的内容，如"数鸭子""小红花""春天来"等，符合幼儿的身心特点，让幼儿乐于学习，如图4-3所示。

图4-3　幼儿舞蹈3

2．幼儿舞蹈具有直观形象性

由于幼儿正处于生长发育阶段，对抽象的内容无法理解。因而幼儿舞蹈所反映的内容必须是直观的、形象的。如表现数鸭子，就用手一个一个点数；表现小红花，就双手在胸前摆一个花的姿态；表现蜜蜂、蝴蝶就用双臂做出飞行动作。

3．幼儿舞蹈节奏欢快、动作简单

幼儿时期，大脑皮层发育的特点是兴奋强于抑制，因此他们喜欢蹦蹦跳跳，相反平衡能力、控制能力都较差，因此幼儿舞蹈的动作节奏欢快，同时动作简单，不断反复。

三、幼儿舞蹈的种类

（一）律动

律动即有节奏的跳动，有规律的运动，多指人跟随音乐或节奏而表现出来的身体动作。

律动是幼儿园教育活动中最常用的表演形式，它适用于幼儿一日生活的各个环节。例如，从教室到户外的过渡环节，可以设计成开火车的律动组合，这样既满足排队出行的要求，又避免了墨守成规的枯燥，使孩子的一日生活充满乐趣。

同时，它也是舞蹈教学的一个重要手段。许多舞步都是通过律动组合来巩固、训练从而掌握的，使孩子在训练和学习中充满兴趣，避免疲劳。

（二）歌表演

歌就是歌曲，表演就是表演动作。也就是指根据歌词内容配以相应动作进行表演。

歌表演在幼儿园联欢活动中最为常见。教师选择一些孩子们喜爱的歌曲，并配以简单的、符合歌曲特点及歌词内容的动作，再加上一些简单的队形变换，即成一段歌表演舞蹈。歌表演既具有一定的表演性，又贴近幼儿的生活，表现形式又相对丰富，因此深受幼儿园师生的喜爱。

（三）集体舞

集体舞是一种在音乐伴奏下的大众性舞蹈，即指都市广场、校园等地，人们集体表演的，有一定动作套路和队形变换的自娱性舞蹈。

集体舞的舞步比较简单,带有强烈的自娱性,一般队形变化也不复杂,是一种比较容易开展的集体活动。特别是在幼儿园,集体舞的动作简单,而且有规律地反复,很容易被幼儿接受;集体舞还配有一定的队形变化,能够调动孩子参与的兴趣;集体舞是大家集体表演,共同完成的,因此在幼儿体验快乐的同时还要学会相互配合、共同协作,如图4-4所示。

图4-4 集体舞

(四)音乐游戏

音乐游戏是指在音乐或歌曲的伴奏下进行的有一定动作要求及规则的游戏活动。

幼儿园音乐游戏首先强调的是一种游戏活动,而且是有一定舞蹈动作的游戏活动。在这一活动中,幼儿既能感受音乐的节奏和旋律,又能体验相应的角色和舞蹈动作,还能学会遵守相应的规则,因此具有较强的趣味性,是各年龄段幼儿都喜欢学习和表现的一种舞蹈形式。

(五)表演舞

表演舞是指具有一定的表演性的舞蹈。它有一定主题思想、舞蹈构架,符合幼儿身心特点,节奏鲜明,且容易被幼儿接受,如图4-5所示。

图4-5 表演舞

表演舞可分为情节舞和情绪舞。情节舞即有一定的故事情节,并通过塑造不同人物形象来表现作品主题内容的舞蹈;情绪舞即以抒发情绪,表达情感为主,运用丰富的舞蹈语汇来表达内心的情感以及对生活的感受。

四、幼儿舞蹈的特征

幼儿舞蹈是舞蹈中的特别分支,面对着一个特别的受众群体——幼儿。因此,幼儿舞蹈除具备了舞蹈艺术的特性之外,又兼有自身的个性和特点。从幼儿生理及心理特点的角度来看,幼儿舞蹈应符合"小"而"浅"的要求。"小"即是时间短,篇幅小;"浅"即是内容浅显,结构简单。具体来说,幼儿舞蹈的特征主要表现为以下几个方面。

(一)幼儿舞蹈的直观性

舞蹈以其直观的艺术形象向人们传递思想、抒发情感、反映社会生活,幼儿舞蹈也不例外。幼儿舞蹈具有直观性,是幼儿易于接受和喜爱的一种艺术活动。幼儿期的孩子主要依靠头脑中的表象进行思维,幼儿舞蹈通过直观形象的舞蹈动作丰富幼儿的表象,帮助幼儿积累感性经验。

例如,儿歌表演"对不起,没关系!"。舞蹈内容表现的是幼儿在集体活动中,肢体碰撞后相互致歉、搀扶、谅解的一系列行为。该舞蹈将幼儿交往中的规则和要求生动形象地展现在幼儿面前,使原本深奥的道理变得浅显易懂。

(二)幼儿舞蹈的模仿性

幼儿舞蹈的模仿性源于幼儿心理发展的年龄特征。幼儿对新鲜事物充满了好奇,模仿是幼儿的主要学习方式。在幼儿舞蹈中通过对日常生活动作、动植物、各种角色等事物的模仿,是幼儿获取知识经验的重要途径。

例如,双手在脸前绕圈比作洗脸,右手食指在嘴前上下晃动比作刷牙等日常生活动作的模仿;双臂在体侧上下起伏是对鸟儿飞行动作的模仿;等等。

幼儿好模仿,幼儿舞蹈的模仿性恰恰与幼儿的这一生理发展特点相吻合。引导幼儿积累良好习惯及知识经验是非常重要的,它们常常是在幼儿的各种模仿活动中形成和巩固下来的。

(三)幼儿舞蹈的童趣性

幼儿舞蹈应符合幼儿的兴趣和情趣,即幼儿舞蹈的童趣性。活泼好动是幼儿的天性,幼儿总是处于不停的活动中,对什么都感到好奇、新鲜。因此,幼儿期的孩子总是摸摸这儿,看看那儿,活动积极性极高,在不知疲倦的活动状态中表现出天真可爱的童趣。

舞蹈《下雪了,真滑》就是一个非常有代表性的作品。舞蹈运用了各种在雪地上滑行的姿态,表现了孩子们在雪地上嬉戏的热闹场景以及孩子们的愉快心情。童趣是幼儿舞蹈的核心。所谓童趣是指幼儿的兴趣指向,简单地说就是:幼儿喜欢看什么?喜欢做什么?喜欢玩什么?幼儿舞蹈服务于幼儿,应以满足幼儿的需要为首要任务。因此,幼儿舞蹈只有具备了童趣性,才能吸引幼儿的注意,激发幼儿参与的热情。

（四）幼儿舞蹈的童幻性

童幻性是幼儿舞蹈的显著标志之一。幼儿往往把动物、植物或其他物体当作人来对待,赋予他们自己的行动经验和思想感情,和它们说话,把它们当作自己的好朋友,甚至会有不同寻常的想象,他们的这种想象常常被大人视为"异想天开"。

例如,他们认为太阳公公在看着他们做游戏,汽车顶上可以装上直升机的螺旋翼,甚至认为自己可以像机器人一样所向无敌,等等。

幼儿舞蹈表演满足孩子们的想象需求,给予孩子们足够的想象空间。例如,在幼儿舞蹈中,孩子们和蝴蝶、蜜蜂一起做游戏,板凳可以当作马儿骑,月亮可以当作秋千等。这些夸张、虚拟的手段是幼儿与万物交流的桥梁,让幼儿的想象力在幼儿舞蹈教育活动中得到发展和释放。

实践篇

儿童舞步是幼儿舞蹈中常用的步法,是训练幼儿动作协调性、灵活性,增强幼儿各部分肌肉能力的有效途径,同时它也是幼儿了解舞蹈,尝试舞蹈的良好开端。本章节动作均以左脚为例。

一、学习儿童基本舞步

1．走步

双手可前后摆臂或左右摆臂。双脚重心在前脚掌交替前行。

2．碎步

预备:双手叉腰,双腿膝关节放松,双脚脚跟提起。

动作时保持预备姿势,双脚前脚掌随音乐节奏交替打地。动作可原地、前行或转圈,速度越快越好。

3．踵趾步

预备:双手叉腰,双脚正步或小八字步。

1—2拍:左腿向左前方伸出,脚跟点地,右腿原地屈膝,同时身体向左倾。

3—4拍:左腿向左后方伸出,脚尖点地,右腿原地伸直,同时身体向右倾。

4．踏点步

预备:双手叉腰,双脚正步或小八字步。

第1拍:左腿向前方伸出,全脚落地,同时原地屈膝,重心下落,右脚随之向上抬起。

第2拍:右脚原地落下,前脚掌着地,同时膝盖伸直,重心提起,左脚随之直膝离地。

注意:动作时也可将第1拍和第2拍颠倒过来,先提起再落下。

5．娃娃步

预备：双手叉腰,双脚正步或小八字步。

1—2拍：双手五指分开,左手平伸于体侧,右手屈肘于头侧,同时左腿向左侧屈腿抬起,右腿原地屈膝,身体向左下旁腰。

3—4拍：双手五指分开,右手平伸于体侧,左手屈肘于头侧,同时右腿向左侧屈腿抬起,左腿原地屈膝,身体向右下旁腰。

6．进退步

预备：双手叉腰,双脚正步或小八字步,双腿自然屈膝。

第1拍：左脚向前迈一步,同时重心移至左脚,右脚随之离地抬起。

第2拍：右脚原地落下,同时重心移至右脚,左脚随之收回。

第3拍：左脚向后迈一步,同时重心移至左脚,右脚随之离地抬起。

第4拍：右脚原地落下,同时重心移至右脚,左脚随之收回。

7．十字步

预备：双手叉腰,双脚正步或小八字步。

第1拍：双手向左摆臂,左脚向右前方迈一步,同时重心移至左脚,右脚随之离地抬起。

第2拍：双手向右摆臂,右脚向左前方迈一步,同时重心移至右脚,左脚随之离地抬起。

第3拍：双手向左摆臂,左脚向后迈一步,同时重心移至左脚,右脚随之离地抬起。

第4拍：双手向右摆臂,右脚收回与左脚并住,同时重心移至双脚。

8．交替步

1）行进的

预备：双手叉腰,双脚正步或小八字步。

第1拍：左脚向正前方迈出一大步。

第2拍：右脚向正前方迈出一大步。

第3拍：左脚向正前方迈出一小步,然后接反面动作。

2）左右的

预备：双手叉腰,双脚正步或小八字步。

第1拍：双臂由右边摆向左边,左脚向左方迈出一大步。

第2拍：双臂不动,右脚在左脚后面垫一步。

第3拍：双臂不动,左脚原地垫一步。然后接反面动作。

9．点步

预备：双手叉腰,左腿向前伸出,脚尖点地,右腿原地不动。

预备拍后半拍：左腿保持不动,放松,脚尖离地,同时右腿屈膝。

第1拍：左腿保持不动,左脚脚腕绷紧,脚尖点地,同时右腿伸直。

10．小跑步

预备：双手叉腰,双脚正步或小八字步。

动作时双腿膝盖交替向前提起,双脚随音乐节奏交替打地,重心保持平稳。

11．前踢步

预备：双手叉腰,双脚正步或小八字步。

动作时大腿带动小腿随音乐节奏交替向正前方直腿、绷脚踢出,身体重心提起,身体稍向后仰。动作可原地,也可向前行进。

12．后踢步

预备：双手叉腰,双脚正步或小八字步。

动作时双腿保持大腿不动,小腿随音乐节奏交替向后踢起。动作可原地,也可向前跑动或旋转。

13．跑跳步

预备：双手叉腰,双脚正步或小八字步。

第1拍：左脚原地踏一步然后马上跳起,同时右腿原位吸腿。然后左脚落地,右腿保持不变。

第2拍：右脚原地踏一步然后马上跳起,同时左腿原位吸腿。然后右脚落地,左腿保持不变。

14．滑步

预备：双手叉腰,双脚正步或小八字步。

第1拍：左脚向左侧迈一步,双腿膝关节弯曲,同时身体重心移至左脚。

第2拍：右脚收回与左脚并拢,双腿过直膝向上跳起。

第3拍：右脚落地,同时左脚再向左侧迈一步,双腿膝关节弯曲,身体重心移至左脚。

第4拍：右脚收回与左脚并拢,双腿过直膝向上跳起。

15．蹦跳步

1）双起双落

预备：双手叉腰,双脚正步或小八字步。

预备拍后半拍：双腿屈膝然后双脚蹬地向上跳起。

第1拍：双脚脚掌落地,同时双腿屈膝。

2）单起双落

预备：双手叉腰,双脚正步或小八字步。

预备拍后半拍：双腿屈膝然后左腿向左前方直腿伸出,右脚蹬地向上跳起。

第1拍：双脚脚掌落地,同时双腿屈膝。然后接反面动作。

16．踏跳步

预备：双手叉腰,双脚正步或小八字步。

第1拍：左脚向左边踏一步然后马上跳起,同时右腿原位吸腿。

第2拍：左脚落地,右腿保持不变。

第3拍：右脚向右边踏一步然后马上跳起,同时左腿原位吸腿。

第4拍：右脚落地,左腿保持不变。

17．踏踢步

预备：双手叉腰,双脚正步或小八字步。

第1拍：左脚向左边踏一步然后马上跳起,同时右腿直腿向左前踢出。

第2拍：左脚落地,右腿保持不变。

第3拍：右脚向右边踏一步然后马上跳起,同时左腿直腿向右前踢出。

第4拍：右脚落地,左腿保持不变。

二、学习儿童舞组合

（一）学习律动组合

1．组合一

组合一曲谱如下。

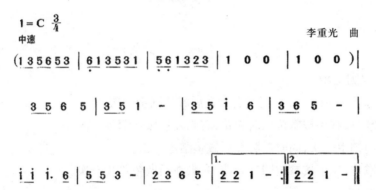

律动组合1

1）选用舞步

蹦跳步、小碎步。

2）组合动作

预备：双手叉腰,双脚正步。

[一]1—3拍：双手叉腰,双脚起跳蹦跳步向8方向跳出,然后屈腿半蹲,同时身体面向8方向。

[二]1—3拍：双手于左肩前拍手3次,双腿、身体保持[一]的动作。

[三]—[四]1—6拍：双手叉腰,双脚小碎步向左自转一圈。

[五]1—3拍：双手叉腰,双脚起跳蹦跳步向2方向跳出,然后屈腿半蹲,同时身体面向2方向。

[六]1—3拍：双手于右肩前拍手3次,双腿、身体保持[三]的动作。

[七]—[八]1—6拍：双手叉腰,双脚小碎步向右自转一圈。

2．组合二

组合二曲谱如下。

祖国祖国多美丽

王玉田 曲

1=G 2/4

5. 3 | 4 4325 | 5 5653 | 44432 | 3 3211 | 2 217 |

666765 | 50 | 511 71 | 222 | 555 53 | 432 | 3 3211 |

2 217 | 6 6765 | 505 | 1. 71 | 2 1325 | 5. 3 |

4 432 | 3 3211 | 2 217 | 6 6765 | 50 ‖

1）选用舞步

垫踏步、进退步。

2）组合动作

预备：双手叉腰，双脚正步。

[一]1—2拍：双手胸前拍手一次，同时右脚在后做垫踏步一次。

3—4拍：左手托掌位，右手按掌位同时腕花，右脚在后做垫踏步一次。

5—6拍：双手胸前拍手一次，同时右脚在后做垫踏步一次。

7—8拍：右手托掌位，左手按掌位同时腕花，右脚在后做垫踏步一次。

[二]1—8拍：动作同[一]。

[三]—[四]1—16拍：双手于头上方翻腕，同时中指指尖互点，右脚在后做垫踏步八次。

[五]1—2拍：双手于胸前拍手，右脚向8方向做进退步的前半部分。

3—4拍：双手于托帽位腕花一次，右脚向4方向做进退步的后半部分。

5—6拍：双手于胸前拍手，右脚向8方向做进退步的前半部分。

7—8拍：双手于托帽位腕花一次，右脚向4方向做进退步的后半部分。

[六]1—2拍：双手于胸前拍手，左脚向2方向做进退步的前半部分。

3—4拍：双手于托帽位腕花一次，左脚向6方向做进退步的后半部分。

5—6拍：双手于胸前拍手，左脚向2方向做进退步的前半部分。

7—8拍：双手于托帽位腕花一次，左脚向6方向做进退步的后半部分。

[七]—[八]1—16拍：双手于头上方翻腕，同时中指指尖互点，右脚在后做垫踏步8次。

3．组合三

组合三曲谱如下。

小 螺 号

1=F 2/4　　　　　　　　　　　　　　　　　　傅 林 曲

(乐谱)

1）选用舞步

前踢步、后踢步、踵趾步。

2）组合动作

预备：双手叉腰，双脚正步。

[一]1—4拍：双手叉腰，右脚做踵趾步一次。

5—8拍：双手叉腰，双脚右脚先起交替做前踢步三次。

[二]1—4拍：双手叉腰，左脚做踵趾步一次。

5—8拍：双手叉腰，双脚左脚先起交替做前踢步三次。

[三]1—4拍：双手叉腰，右脚做踵趾步一次。

5—8拍：双手叉腰，双脚右脚先起交替做后踢步三次。

[四]1—4拍：双手叉腰，左脚做踵趾步一次。

5—8拍：双手叉腰，双脚左脚先起交替做后踢步三次。

4．组合四

组合四曲谱如下。

小 白 船

朝鲜民歌

[乐谱]

律动组合4

1）选用舞步

交替步。

2）组合动作

预备：双手叉腰，双脚正步。

[一]1—12拍：双手叉腰，左脚起步向前1方向做交替步四次。

[二]1—12拍：双手叉腰，左脚起步向左边做交替步四次，同时自转一圈。最后1拍双脚停住。

[三]1—12拍：双手叉腰，右脚起步向后5方向做交替步四次。

[四]1—12拍：双手叉腰，右脚起步向右边做交替步四次，同时自转一圈。最后1拍双脚停住。

[五]1—24拍：第1个3拍双手左手手心向上，右手手心向下，从右边划到左边，左脚起步向6方向做交替步一次。第2个3拍双手右手手心向上，左手手心向下，从左边划到右边，右脚起步向3方向做交替步一次。后面动作交替反复，共做八次。

[六]1—12拍：双手叉腰，右脚起步向右边做交替步四次，同时自转一圈。

[七] 1—12 拍：双手提裙位，左脚起步向左边做交替步四次，最后 1 拍双脚停住。

[八] 1—12 拍：双手提裙位，右脚起步向右边做交替步四次，最后 1 拍双脚停住。

(二) 学习歌表演组合

1. 组合一

组合一曲谱如下。

小 鸭 子

1 = D 2/4

潘振声 曲

活泼地

(7 7 6 | 5 5 4 | 3 2 | 1 -) | 5 5 3 3 | 5 5 3 3 |

2 3 2 | 1. 1 | 6 6 4 4 | 6 6 4 4 | 3 5 3 | 2 - |

1 1 1 | 1 1 6 1 | 4 4 4 5 | 6 - | 7 7 6 | 5 5 4 |

3 2 3 4 | 5 - | 7 7 6 | 5 5 4 | 3 3 2 2 | 1 - ‖

1）选用舞步

跑跳步、踵趾步、踏跳步、踏踢步。

2）组合动作

预备：双手叉腰，双脚正步。

[一] 1—4 拍：双手叉腰，左脚起步向前 1 方向做跑跳步四次。

5—8 拍：双手叉腰，左脚做踵趾步一次。

[二] 1—4 拍：双手叉腰，右脚起步向前 1 方向做跑跳步四次。

5—8 拍：双手叉腰，右脚做踵趾步一次。

[三] 1—4 拍：左手叉腰，右手向前伸出，从左向右点数四次，左脚伸出向前 8 方向做踵步。

5—6 拍：双手于身体两侧斜后方，身体前倾同时向左转身，左脚收回双脚成小八字步，双腿膝盖沿脚尖方向屈腿蹲下。

7—8 拍：双手于身体两侧斜后方，身体前倾同时向右转身，双脚成小八字步，双腿膝盖沿脚尖方向屈腿蹲下。

[四] 1—2 拍：双手搭在肩上做背书包状，左脚起做踏跳步一次。

3—4 拍：双手搭在肩上做背书包状，右脚起做踏跳步一次。

5—8 拍：同 1—4 拍动作。

[五] 1—4 拍：左手叉腰，右手头上挥鞭，同时左脚起步向左做两次滑步，然后接一

个踏踢步。

5—8拍：左手叉腰,右手头上挥鞭,同时右脚起步向右做两次滑步,然后接一个踏踢步。

2．组合二

组合二曲谱如下。

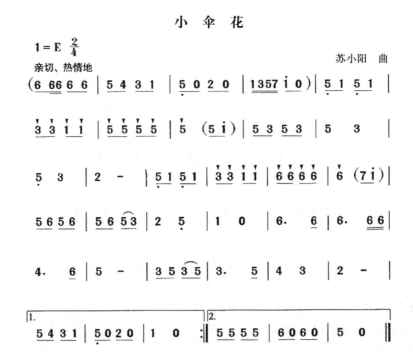

1）选用舞步

小碎步、踵趾步、蹦跳步、踏踢步。

2）组合动作

预备：双手叉腰,双脚正步。

[一]1—4拍：双手手心向上胸前交叉,水平向两边打开,脚下小碎步。

5—6拍：双手于身体两侧提压腕一次,同时右脚向右迈出一步,身体重心移至右脚,左脚脚尖点地。

7—8拍：双手于身体两侧提压腕一次,同时左脚向左迈出一步,身体重心移至左脚,右脚脚尖点地。

[二]1—4拍：双手于身体前下方交叉打开到身体两侧,同时右脚起跳一步接小碎步。

5—6拍：双手于身体两侧不动,右脚向2方向伸出做踵趾步。

7—8拍：双手于身体两侧不动,左脚向8方向伸出做踵趾步。

[三]1—4拍：双手手心向上胸前交叉,水平向两边打开,脚下小碎步向右自转一圈。

5—6拍：双手于身体两侧提压腕一次,同时双脚向右蹦跳步一次。

7—8拍：双手于身体两侧提压腕一次，同时双脚向左蹦跳步一次。

[四]1—2拍：双手经体前下来分开再撩上去，成右手在上的顺风旗位，同时左脚向右前方伸出做踵趾步。

3—4拍：双手经体前下来分开再撩上去，成左手在上的顺风旗位，同时右脚向左前方伸出做踵趾步。

5—8拍：同1—4拍动作。

[五]1—2拍：双手于身体两侧提腕，同时右脚起步向右3方向做小碎步。

3—4拍：双手压腕，同时双腿屈膝下蹲。

5—6拍：双手于身体两侧提腕，同时左脚起步向左7方向做小碎步。

7—8拍：双手压腕，同时双腿屈膝下蹲。

[六]1—2拍：双手虎口掌架在大腿上，双腿屈膝下蹲，同时头向右倒。

3—4拍：双手虎口掌架在大腿上，双腿屈膝下蹲，同时头向左倒。

5—8拍：同1—4拍动作。

[七]1—2拍：双手打开于提裙位，同时右脚先起踏踢步。

3—4拍：双手打开于提裙位，同时左脚先起踏踢步。

5—8拍：同1—4拍动作。

（三）学习集体舞组合

1．组合一

组合一曲谱如下。

新 疆 舞

$1=D \dfrac{2}{4}$

111 5̲1̲	2̲3̲2̲1̲ 1	4̲4̲6̲ 5̲3̲	2̲3̲4̲2̲ 3
1̲1̲7̲ 6̲4̲	7̲7̲6̲ 5̲2̲	2̲3̲4̲3̲ 2̲3̲2̲1̲	1 —
111 1̲4̲	6 —	7̲7̲2̲ 1̲6̲	5 —
1̲1̲6̲ 4̲5̲ 6	5̲5̲4̲ 3̲2̲ 3	2̲2̲3̲ 4̲6̲	7̲6̲7̲5̲ 1 ‖

1）选用舞步

垫踏步、进退步、踏跳步、踏踢步。

2）组合动作

预备：双手叉腰，双脚正步，双圈，两人面对面站好，如图4-6所示。

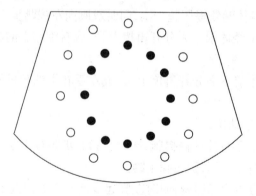

图4-6 预备

[一]1—8拍：双手左手在前托帽位，脚下右脚在后垫踏步做四次。

[二]1—8拍：双手右手在前托帽位，脚下右脚在后垫踏步做四次。

[三]1—4拍：双手左手在前托帽位，脚下右脚起步后踢步做四次。同时两人都向右转变成单圈，如图 4-7 所示。

5—8拍：双手左手在前托帽位，脚下右脚在后垫踏步做两次，如图 4-8 所示。

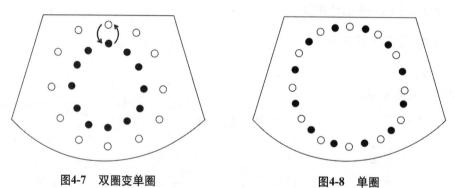

图4-7 双圈变单圈　　　　　　　图4-8 单圈

[四]1—4拍：双手左手在前托帽位，脚下右脚起步后踢步做四次，如图 4-9 所示。

5—8拍：双手左手在前托帽位，脚下右脚在后垫踏步做两次，如图 4-10 所示。

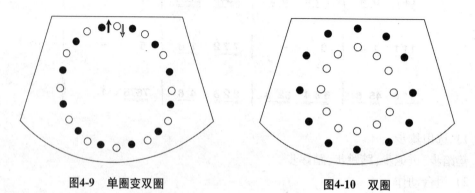

图4-9 单圈变双圈　　　　　　　图4-10 双圈

[五]1—4拍：双手于身体前下方拍手，然后成左手在前的托帽位，同时右脚向8方向和4方向做进退步一次。

5—8拍：动作同1—4拍。

[六]1—4拍：双手于身体前下方拍手，然后成右手在前的托帽位，同时左脚向2方向和6方向做进退步一次。

5—8拍：动作同1—4拍。

2．组合二

组合二曲谱如下。

嘀哩嘀哩

潘振声 曲

1) 选用舞步

跑跳步、进退步、踏跳步、踏踢步。

2) 组合动作

预备：双手叉腰，双脚正步，单圈面向圈里，分单双数站好。

[一]1—8拍：手拉手沿逆时针方向，右脚先起做跑跳步八次。

[二]1—8拍：手拉手沿顺时针方向，继续做跑跳步八次。

[三]1—8拍：双手胸前拍手，头随身体先向左倒再向右倒。单数人原地不动，双数人右脚向后撤半步边拍手边下蹲。

[四]1—8拍：双手胸前拍手，头随身体先向左倒再向右倒。单数人右脚向后撤半步边拍手边下蹲，双数人边拍手边站起来。

[五]1—8拍：手拉手沿逆时针方向,右脚先起做跑跳步八次。

[六]1—8拍：手拉手沿顺时针方向,继续做跑跳步八次。

[七]1—8拍：双手胸前拍手,单数人右脚先起做跑跳步八次,同时原地向右自转一圈；双数人右脚先起跑跳步边拍手边向前做四次,然后边拍手边向后做四次。

[八]1—8拍：双手胸前拍手,单数人右脚先起跑跳步边拍手边向前做四次,然后边拍手边向后做四次；双数人右脚先起做跑跳步八次,同时原地向右自转一圈。

（四）学习音乐游戏

1．游戏一

游戏一曲谱如下。

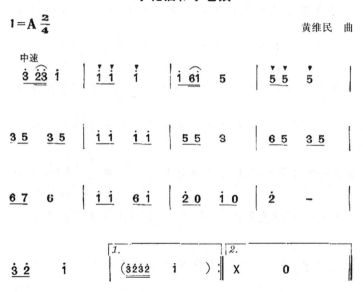

1）游戏角色

米缸、小花猫、小老鼠。

2）游戏准备

全体幼儿手拉手围成一个大圆圈,四五个幼儿做老鼠站在圈内,一个幼儿做小花猫站在圈外。

3）游戏玩法

(1) 第一遍音乐

米缸：蹲下唱歌。

小花猫：站在圈外。

小老鼠：做下面的动作。

[一]1—8拍："灰老鼠,吱吱吱,灰老鼠,吱吱吱",两手握空拳,食指和中指伸出,指尖并拢放在嘴前,身体稍向前倾,脚下小碎步在圈内跑。

[二]1—6拍:"小小眼睛骨碌骨碌转得快",手和身体保持前面的动作,脚下小碎步向右自转一圈。

[三]1—4拍:"一到晚上跑出来",动作同[一]。

[四]1—8拍:"偷吃粮食最最坏,最最坏",两手轮流向前模仿偷粮食动作,脚下停住不动。

(2) 第二遍音乐

米缸:蹲下唱歌。

小老鼠:站在圈内偷粮食。

小花猫:做下面的动作。

[一]1—8拍:"小花猫,喵喵喵,看见了,喵喵喵",双手五指张开,手指自然弯曲,模仿猫爪子动作放在胸前。脚下模仿小猫动作向前走。

[二]1—6拍:"气得胡子根根往上翘",双手叉腰,同时跺右脚,模仿生气的样子。

[三]—[四]1—4拍:"追上去呀追上去,抓住老鼠使劲咬"。

米缸:边唱歌边手拉手站起。

小老鼠:在圈内四处逃跑。

小花猫:在圈内抓老鼠。

4) 游戏结束

当小花猫抓到一只或两只灰老鼠时,游戏结束。

2．游戏二

游戏二曲谱如下。

大　西　瓜

$1=C \quad \frac{2}{4}$

欢快地　　　　　　　　　　　　　　　段福培　曲

(曲谱)

1) 游戏角色

切西瓜者,大西瓜。

2) 游戏准备

全体幼儿手拉手围成一个大圆圈,一个幼儿当作切西瓜者站在圈圈内。

3) 游戏玩法

当音乐开始时,全体幼儿手拉手围成一个大圆圈,切西瓜的幼儿用右手沿逆时针方向在圆圈内开始边走边切西瓜。在切的过程中,随音乐节奏每两拍切一次拉圈人的手,音乐到最后一拍时,被切到的两名幼儿分别开始向相反方向赛跑,先回到原地者胜利。

本章小结

本章主要介绍了幼儿舞蹈的一些基础知识,了解了幼儿舞蹈的概念、种类、特征等基本理论知识,学习了儿童基本舞步和儿童舞组合,这些都是奠定幼儿舞蹈教育工作者理论基础的首要任务。

讨论题

1. 说一说你对于幼儿舞蹈意义的理解。
2. 幼儿舞蹈的特点有哪些?
3. 幼儿舞蹈有多少种类,能分别说说它们的特点吗?
4. 幼儿舞蹈都有哪些特征?

实训课堂

1. 请同学们结组,互相提问儿童基本舞步,要求快速准确地回答并演示。
2. 学会幼儿舞蹈律动组合并进行表演。
3. 学会幼儿舞蹈歌表演组合并进行表演。
4. 学会幼儿舞蹈集体舞组合并进行表演。
5. 学会幼儿舞蹈音乐游戏组合并进行表演。
6. 请你根据所学内容或上网收集相关资料,创编一段律动组合。
7. 请你根据所学内容或上网收集相关资料,创编一段歌表演组合。

第五章 幼儿音乐剧

幼儿音乐剧是一种综合性的艺术表演形式,通过音乐剧幼儿可以更为全面协调地发展,促进幼儿增强艺术欣赏力及艺术表现力,整合各个领域的内容全面地认识事物,增强团队归属感等。

通过表演音乐剧幼儿在展现自我的同时,将音乐剧中的教育意义传播给观众。通过本章的学习明确幼儿音乐剧的教育意义,了解幼儿音乐剧的欣赏方法,掌握幼儿音乐剧具体的编排方法,能够依据幼儿的年龄特点编排出适宜的幼儿音乐剧。

教学目标

1. 了解什么是音乐剧。
2. 了解音乐剧的起源与发展。
3. 幼儿园开展音乐剧教育的意义。
4. 掌握幼儿音乐剧创编方法。
5. 掌握幼儿音乐剧排练方法。

一、什么是音乐剧

音乐剧是舞台剧的一种,它集音乐、舞蹈、舞台表演于一体,以自己独特的、整合式的表演形式展现给观众。它与以台词为主的话剧和以演唱为主的歌剧有着很大的不同。音乐剧艺术本体要素包括形态要素(剧诗、台词、音乐、舞蹈、舞美等)和内容要素,主要涉及内容(人物、形象、情节等)和主题(情感、概念、哲理等)。

音乐剧的产生有着复杂的演化历史,在不断的演变过程中,音乐剧慢慢地形成了独特的艺术形式,这种"独特"使"音乐剧"虽然派生于其他门类,却依然能够独树一帜。

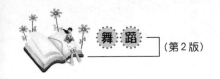

(一) 音乐剧的多变性

对于"音乐剧"的定义,《新格罗夫美国音乐大辞典》《简明不列颠百科全书》以及许多著名的音乐剧学者、作曲家、指挥家都给出了自己的解释,但是都很难用一个简单明了的定义去诠释"音乐剧"的全部。

因为纵观音乐剧的发展史,我们会发现:音乐剧一直处于变化中,甚至直至今日依旧在变,而音乐剧的独特之一就在于它不是被定了性的演出形式。"百变"可谓"音乐剧"永恒不变的主题。

(二) 音乐剧的整合性

许多人因为"音乐剧"的名称,对它产生了诸多误解。有人认为"音乐剧"就是有音乐的剧,音乐才是"音乐剧"中最重要的元素,这种说法不免有些片面。

《音乐剧概论》是这样给音乐剧定义的:"音乐剧应该是以戏剧(尤其是剧本)为基本,以音乐为灵魂,以舞蹈为重要表现手段,通过音乐、舞蹈、戏剧三大元素的整合来讲述故事、刻画人物、传达概念的表演艺术娱乐产品。"

定义中"整合"二字,点出了"音乐剧"的另一大特点——整合性。

"音乐剧"是一种集多种艺术元素于一体的综合式的表演形式,几大元素相互支撑、"并驾齐驱",无论是音乐、舞蹈还是舞台表演都是为整个剧情"服务",在音乐剧中没有哪个元素是最重要的,同时每个元素又都是最重要的。因此,音乐剧与其他舞台剧最大的区别即音乐剧中体现出的"整合"的理念。

二、音乐剧的起源与发展

说起"音乐剧"人们往往会想到美国的百老汇,不可否认百老汇在"音乐剧"发展中有着重要地位,但是要追溯音乐剧的起源,绝非在某一家某一派中确立下来的。事实上,目前音乐剧的起源说法甚多:一说起源于欧洲 19 世纪古典轻歌剧(Operetta)和喜歌剧(Opera Buffa);一说起源于美国本土的由乡村歌曲、黑人灵歌与爵士音乐和流行歌舞拼装而成的歌舞杂耍;一说起源于 19 世纪英国人创造的"音乐滑稽剧"和"音乐喜剧";一说是 1866 年的《黑钩子》以及后来的"话剧加歌舞"的戏剧类型。

虽然各种说法都有一定的依据,但是单从某一时期或是从某一方面来说音乐剧的起源,都不免有些片面,对于音乐剧这种综合性艺术形式,不论单独从哪一角度来说,都显示不出其完整性。因而"综合起源说"还相对比较全面、完整。

"综合起源说"认为,音乐剧这种极为复杂的文化现象,不大可能仅从单一文化源流中生成,它必须从多种文化成分中吸取养料构筑自己的艺术血肉,因此它的形式来源必须是多元化的。

西方文化中深厚的歌剧传统,无论在情节内容,还是在表演方法方面都是音乐剧借鉴和模仿的对象。欧洲歌剧强劲的生命力使它们能不断结合时尚,吸纳流行元素,从而产生出民间歌剧、喜歌剧、轻歌剧等,这些戏剧形式漂洋过海来到美国,并引发当地许多模仿之作。

应不同时期、不同的背景,人们对于艺术表现的需求,"音乐剧"应运而生,且不断地从各个表演形式中吸取自己发展所需的养分。在这种背景下诞生的"音乐剧"有着当时其他舞台剧无法比拟的优势,只注重演出的效果,而不拘泥于任何形式化的规则。

慕羽教授在她的《音乐剧艺术与产业》一书中,对于音乐剧有着非常有趣的描述,"可以说'古典音乐'和'通俗表演'才是音乐剧的亲生父母"。"它的身体里流淌着欧洲喜歌剧、轻歌剧(即对欧洲大歌剧、喜歌剧的继承)高贵的血液,但它的骨骼却是由不算高雅的欧洲城市娱乐性的歌舞剧综艺秀、事实秀和滑稽表演所架构的,它的骨髓里还有着黑人歌舞的节奏(表现手段上的布鲁斯、爵士等)"。

慕羽教授对于音乐剧起源的解释,形象地道出了音乐剧起源的复杂性及综合性。

三、幼儿园开展音乐剧教育的意义

幼儿阶段是儿童身体发育和技能发展极为迅速的时期,也是形成安全感和乐观态度的重要阶段。同时在这个时期的幼儿,有着其特殊的年龄特点以及思维特点。对于这个阶段的幼儿,我们的教育目标是为幼儿后期学习和终身发展奠定基础,重视幼儿的学习品质,关注幼儿学习与发展的整体性。而音乐剧教学活动对于幼儿又具有何种教育意义呢?

郭沫若先生曾说过:"人类社会根本改造的步骤之一,应当是人的改造。人的根本改造应从儿童的感情教育、美的教育入手。"良好的情感教育与艺术教育可以促使我们的社会得到根本性的改变。

同时,《3—6岁儿童学习与发展指南》中提出:"儿童的发展是一个整体,要注重领域之间、目标之间的相互渗透和整合,促进幼儿身心全面协调发展,而不应片面追求某一方面或几方面的发展。"

幼儿音乐剧教育的意义在于以幼儿音乐剧为载体,整合各个领域的内容,开展情感教育和美的教育,促进幼儿全面协调地发展。具体表现如下。

(一)大力推动情感教育

幼儿音乐剧旨在对幼儿开展"感同身受"的情感教育,通过剧情的创编及表演,让幼儿亲身进行情感体验,借此帮助幼儿养成良好的品格及行为习惯。

例如,小小音乐剧《蔬菜的故事》中,让幼儿表演被"抛弃"的蔬菜,体会小蔬菜的心情,从而帮助幼儿养成不挑食的好习惯。再如,小小音乐剧《狼来了》,通过表演农夫和羊倌,引导幼儿体会被骗以及骗完人后不被相信的感受,从而帮助幼儿了解诚实的重要性等。

(二)全面开展美的教育

音乐剧所包含的丰富元素,涉及幼儿园教学领域的诸多方面,如音乐和舞蹈涉及艺术领域的音乐,台词和剧本涉及语言领域,道具涉及艺术领域的美术。在创编音乐剧的过程当中,幼儿能够全面地接触到各种艺术表现形式,促进幼儿艺术欣赏能力及表现力得到全面的发展。

(三) 营造团队归属感

音乐剧的展现方式为幼儿提供了感受团队协作的条件,能很好地发展幼儿的社会性。音乐剧的独特表现方式,使幼儿无法独自完成整个音乐剧的表演,同伴之间需要相互合作与协商才能完成。在这个过程中,幼儿能感受到的是合作带来的快乐、规则的重要,慢慢形成归属感与责任意识。

(四) 全面认识事物

在音乐剧创编的过程中,通过各个领域的渗透,帮助幼儿深入、准确地了解要表演的角色特点,体会各个角色之间的关系。

例如,在表演小小音乐剧《狼来了》的过程中,通过深入认识"狼"这一角色,幼儿不仅对于"狼"的外貌及动作特征有了深入的了解,还在搜集材料的过程中,了解到了生物链的问题,因此设计了"把狼送回动物园"的情节;在表演"狼"的过程中,幼儿体会到"狼"只是肚子饿,想吃东西,并不是真的那么"坏"。

通过对于角色的深入了解及体会,幼儿对于常出现在故事中,坏坏的"狼"的形象有了较为客观、全面的认识。

(五) 开启创造性思维

传统的童话剧、故事表演、儿童戏剧构成的元素与音乐剧如出一辙,为什么要单单选择音乐剧呢?主要原因在于音乐剧的表演形式多样、不受约束,为我们开展音乐剧创编活动创造了条件。

孩子们可以根据自己的兴趣选择表演内容,不一定是某个故事或是童话内容,有时可能就是身边发生的一件事。孩子们可以用自己的方式去表达自己的感受与想法,不用完全按照故事中的对话去背诵,由此便为音乐剧提供了创造的动机。

根据音乐剧中各要素间"整合"的特点,可促使孩子们发现事物间的联系,创造独特的、有效的表达方式。

音乐剧虽不受任何形式的约束,却也有着自己的准则。音乐剧是一种"整合的美学",可以在音乐剧中加入自身能够想到的各种元素,但是所添加的元素都要与剧情紧密结合。音乐剧的完整性是不可破坏的,尽管元素很多但绝不能孤立存在,强调整合。

这就要求我们的孩子在创编音乐剧的过程中,学会发现事物的特征,选择适宜的表现方式,富有创造性地进行表达。

 **实践篇**

一、幼儿音乐剧创编

幼儿音乐剧是由剧本、音乐、剧诗（歌词）、舞蹈、舞美（道具和舞台布置）等组成的。创编音乐剧的首要任务是先要确定剧本，再依据剧本进行其他元素的创编，切忌"孤立"地进行创编。

（一）确定剧本

幼儿音乐剧剧本的选择应该符合幼儿的年龄特点，主题应当富有教育意义，有助于幼儿形成良好的行为习惯或培养幼儿良好的思想品质；情节应当简单、有趣，贴近幼儿的生活；所涉及的人物（角色）应当幼儿喜欢且利于幼儿进行表演等。

基于幼儿的特点，幼儿音乐剧剧本可以分为以下三类。

1．生活习惯养成类

通过剧目，主要帮助幼儿养成良好的生活习惯。如小小音乐剧《蔬菜的故事》帮助幼儿了解各种蔬菜的营养价值，养成不挑食的好习惯；小小音乐剧《赫赫的小牙刷》帮助幼儿了解有关牙齿的相关知识，学习保护牙齿的方法，养成爱护牙齿的好习惯等。

选择或创编与本班幼儿生活、卫生习惯有关的剧本或剧情，帮助幼儿养成良好的生活习惯。

2．思想品质教育类

通过剧目，主要帮助幼儿养成良好的道德品质。如小小音乐剧《狼来了》帮助幼儿了解说谎带来的后果，感受诚信的重要性。

3．经典作品重现类

通过剧目，主要帮助幼儿深入地欣赏和感受经典的文学作品的艺术魅力，将自己对于经典文学作品的理解，通过自己的方式表现出来。如小小音乐剧《打妖怪》帮助幼儿体验经典文学作品《西游记》中亦幻亦真的奇幻情节；小小音乐剧《拔苗助长》帮助幼儿将自己对于成语"拔苗助长"的理解，借助于音乐剧以自己的方式表现出来。

（二）构建情节

在创编幼儿音乐剧的过程中，有些故事是已经构建好的，无须再进行情节上的创编；而有一些内容则是幼儿生活中的事情，或是由一个经典的成语、故事改编而成，这就需要老师和幼儿一同进行构建。

构建故事情节的主要方法，可参照幼儿语言领域教学中的"有主题下的创编故事"的教育活动方法。一些主要角色间的对话（即台词）也在这一环节完成。

（三）了解角色

通常来讲，构建角色时，可以按照角色出现的先后顺序或是按照角色的重要程度

进行。

在构建角色时,我们首先要透过语言、社会、科学等领域的教育活动,引导对于角色进行较为深入的"探究"。这里的"探究"主旨在于,在认识角色的过程中,应该让幼儿发挥主体性,根据幼儿对于这一角色发现的有意义的问题,展开系统性的探究与学习,从而帮助幼儿全面地了解角色。

(四)添加艺术表现形式

1. 创编(挑选)音乐

在确定下某个剧情或是深入了解角色后,便开始引导幼儿就剧情的需要或是角色的特点创编音乐及歌词,因为创编音乐的专业性较强,教师可根据教师及幼儿的水平,将创编音乐改为与幼儿一同挑选合适的音乐,或是聘请专家指导来完成。

2. 创编舞蹈

在确定音乐后,根据剧情需要或是角色的特点,和幼儿一同确定舞蹈的种类,整合音乐、剧情或是角色特点,以及舞种的特点来进行舞蹈动作的创编。

在这里,需要老师们注意的是,幼儿的艺术创编不是在凭空想象或是毫无基础的情况下完成的。想要帮助幼儿顺利地进行艺术的创编活动,要注重在日常生活、环境创设、家园共育等活动中,为幼儿提供接触多种多样艺术表现形式的机会(不仅仅是舞蹈),帮助幼儿积累丰富的元素,以供幼儿在创编的过程中挑选与组合。

(五)制作服装及道具

在进行音乐剧的表演的过程中,服装和道具的出现不仅可以增加舞台效果,同时可以更好地将幼儿带入角色当中。关于道具与服装的制作,教师可根据幼儿的年龄特点来确定幼儿的参与程度。

如小班幼儿可以在老师画好的头饰上涂色;中班幼儿可以和老师一起卷纸筒做孙悟空的棍子;大班幼儿可以设计服装,并按照自己的设计在服装上进行装饰等。

二、幼儿音乐剧的排练方法

幼儿音乐剧不同于成人的音乐剧,其最大的区别就在于,成人音乐剧是为追求舞台效果为目的,幼儿音乐剧注重的则是幼儿在这一过程中的发展(图5-1)。基于这一理念,在幼儿音乐剧的排练中,我们需要掌握的方法如下。

(一)注重日常化

切忌将某一个时间点作为音乐剧的排练时间,集中式地对幼儿进行机械的训练,以免扼杀幼儿对于音乐剧的兴趣。教师可以利用过渡环节、课间操准备时间、放学前的等待时间带着全体幼儿一同复习或是渗透一些与音乐剧有关的舞蹈、歌曲、剧诗、台词等,有效利用时间的同时,让音乐剧成为幼儿的一种习惯,在集中排练的时候,教师和幼儿都会轻松很多。

图5-1 幼儿音乐剧表演

（二）突出全体性

在幼儿音乐剧的排练中,切忌早早地规定幼儿所要表演的角色,以免有碍于幼儿对于活动的积极性以及全面地接触多种艺术形式的机会。可以大家一起复习和表演的,如舞蹈、歌曲,就全体利用空余时间大家一起排练。大家不能一起表演的,可以分小组进行排演,确保每名幼儿都参与其中。做到每个角色人人能演,每个角色人人爱演。这样在集中排练时,就不会出现因个别幼儿没来,导致整个音乐剧无法表演的情景。

（三）关注幼儿主体性

在确定角色时,切忌教师安排。要鼓励幼儿自己挑选角色,在选择角色发生冲突时,引导幼儿集体通过建立规则或是其他方法解决问题。

（四）尊重幼儿个体差异

幼儿在发展的过程当中,存在个体差异,教师应当关注并尊重这种个体差异的出现。在面对班中存在不同方面差异的幼儿时,教师应该采取不同的方式进行支持与引导,如创设多人表演的角色；没用台词的角色,供胆子小一些的幼儿选择等。

三、幼儿音乐剧教学案例

以下是音乐剧编创活动的三个案例。

（一）案例一：《赫赫的小牙刷》

1．剧本

音乐剧《赫赫的小牙刷》

序

音乐：《神秘园之歌》选段　　出场人物：被拔掉的牙齿（本幕简称为牙齿）、赫赫

(被拔掉的牙齿随音乐《神秘园之歌》上场，幕前进行芭蕾舞表演。舞毕，摔倒在台上)

赫赫：(跑上台) 你是谁啊？(看向被拔掉的牙齿)

牙齿：我是你的牙齿啊！

赫赫：你怎么会在这儿呢？

牙齿：本身我和我的伙伴们，每天快乐地生活在一起，可是有一天……(赫赫扶起牙齿边说边下台)

第一幕《牙齿的狂欢》

音乐：《牙齿歌》《欢乐满山谷》　　出场人物：众牙齿（男孩、女孩各六名）、赫赫

(随音乐起，开幕。众牙齿随音乐进行表演)

音乐停。

牙齿甲组：我们爱吃糖果，各种各样的糖果。

牙齿乙组：我们爱吃巧克力，大块、小块都喜欢。

牙齿丙组：还有冰激凌！果味的，牛奶的，我都要！

合：牙好，胃口就好，身体倍儿棒，吃嘛嘛香！

牙1：我们一起来跳舞吧！

合：好！

(随音乐《欢乐满山谷》众牙齿进行踢踏舞表演)

画外音：(闹钟声)

众牙齿：(面面相对，慌张状) 嘘，小主人醒啦，小主人醒啦！嘘～(左手食指放嘴前，定住)

画外音：赫赫醒啦，要上幼儿园去啦！

赫赫：(边打哈欠，边上台) 好困啊～让我先来照照镜子！(假装照镜子状看看牙齿) 哈哈！我的牙齿这么好，今天我就不刷牙啦！(说罢，跑跳步下台)

众牙齿：(待赫赫下场后，两两相对拉手做慌张状) 这可怎么办啊！这可怎么办啊！

(幕布拉到谁那，谁就丧气状缓缓蹲下)

第二幕《幼儿园的一天》

音乐：《大家一起来》《买菜》　　　　出场人物：赫赫、幼儿园小朋友

画外音：小朋友们，快来一起做早操喽～

众小朋友：好～(跑上舞台，站到自己的位置上)

(随音乐《大家一起来》跳韵律操)

小朋友甲：小朋友们我们一起来唱歌吧～(向众小朋友招手)

(众小朋友站成合唱队形)

小朋友乙：那我们唱什么啊？

(众小朋友思考状)

小朋友丙：咱们唱买菜吧！

众小朋友：好！
（随音乐演唱《买菜》）
小朋友丁：（捂鼻子）哪来的臭味啊？
（众小朋友寻找状，赫赫捂嘴害羞状）
小朋友丙：（手指赫赫）是赫赫嘴巴的味道！
赫赫：（摆手）不是我！不是我！（捂住嘴跑下台）
（众小朋友随后追赶状，小朋友甲、乙留在台中）
小朋友甲：赫赫肯定没刷牙！
小朋友乙：嘘，（捂住小朋友甲嘴巴）小点声，要是让细菌听见那可就大事不好啦~（两人拉手下台）
细菌甲：哈哈！我已经听见了，兄弟们上！

第三幕《细菌来袭》
音乐：《攻击行进》《细菌危害歌》　　　　　出场人物：众细菌
（随音乐《攻击行进》进行队列行进表演）
众细菌：哈哈哈！我们终于找到这个臭嘴巴的小孩了~让我们把他的牙齿全部钻开！（摆出攻击状）
（随音乐《细菌危害歌》进行表演）
细菌乙：兄弟们，我们开始吃吧！
众细菌：好！
（众细菌一同下台）

第四幕《小牙刷》
音乐：《呼噜呼噜清洁歌》《小牙刷本领大》　　　出场人物：赫赫、赫赫妈妈、牙医、被拔掉的牙齿、小牙刷
画外音：
赫赫：哎哟哎哟，我的牙齿好疼啊~妈妈，妈妈，怎么办啊？
妈妈：哎呀！看你小脸都肿了，咱们快去医院吧！
牙医：怎么啦？
赫赫：我的牙齿好疼啊~
牙医：好，咱们先进去看看吧！
（妈妈带赫赫随牙医一同下台）
画外音：
牙医：哎呀，这颗牙坏得太厉害了，必须拔掉。你忍着点啊！
（电钻音效）
被拔掉的牙齿（以下简称为牙齿）：（摔在台上）哎哟~
赫赫：（跑上台）你是谁啊？（看向被拔掉的牙齿）

牙齿：我是你的牙齿啊！
赫赫：你怎么会在这呢？
牙齿：我被细菌咬坏了，被牙医拔下来了，我再也不能和我的伙伴们在一起了！（哭）

赫赫：（羞愧状）对不起，都怪我没有保护好你！
牙齿：好吧，我原谅你，但是我其他的伙伴，你一定要保护好他们。
赫赫：那我应该怎么做呢？
牙齿：来，我给你介绍几位好朋友。（赫赫扶起牙齿边说边下台）

小牙刷：洗刷刷洗刷刷，洗刷刷洗刷刷！（边说边上台，站到自己的位置上）
（随音乐《呼噜呼噜清洁歌》表演拐杖舞）

赫赫：（跑上台）小牙刷你们是我的好朋友，我们一起刷牙吧！
小牙刷：好！
（随音乐《小牙刷本领大》进行表演）
赫赫：我知道不刷牙的危害了，请其他小朋友一定要好好刷牙，保护好自己的牙齿！

2. 编创活动

幼儿音乐剧的创编，应当是系统性地学习，在每次创编过程中积累下的经验都应与幼儿一同进行总结，以便将经验更好地进行迁移。在探究幼儿音乐剧的过程中，我们也积累了一些好的案例。下面以大班的小小音乐剧《赫赫的小牙刷》为例，与大家进行分享。

1）问题的提出

通过开展音乐剧教学活动，在表演方面我们得到了以下收获。

（1）孩子们的表演更具表现力了。在音乐剧活动中，孩子们通过深入了解角色特点，大胆地尝试运用表情和肢体动作来表现角色。

（2）孩子们能够合作进行表演了。在音乐剧表演中，孩子们需要一起说台词，一起配合做动作，合作表演。

问题：在回顾音乐剧教学活动和表演中的收获与问题时，很多孩子们都说："我们也很想演细菌！"好多演音乐剧的小朋友们都说："我们也很想去跳舞！"而表演舞蹈的小朋友又说："我们也想去演音乐剧！"经过了三个学期对于音乐剧的学习以及多次演出的体验，孩子们对于表演的欲望空前的强烈，十分喜欢加入各个表演，想拥有更多的表演机会。

2）研究内容的确立

针对幼儿提出的"很想拥有更多的表演机会"的需求，结合专家们提出的建议，在小小音乐剧《赫赫的小牙刷》中，我们将依据角色特点融入其他表现形式，以满足幼儿希望拥有更多展示机会的需求。

在本学期的研究过程中仍是以幼儿作为主体,教师作为支持者、引导者和合作者存在。选择音乐剧《赫赫的小牙刷》作为剧本,继续采用原剧中的"剧诗",主要就音乐剧中的舞蹈、音乐以及舞台美术这三个方面引导幼儿进行探究式的学习。

3)研究的途径

(1)结合五大领域,帮助幼儿深入音乐剧学习

在小小音乐剧《赫赫的小牙刷》中,我们结合语言领域、社会领域及健康领域,引导幼儿理解故事内容,了解不刷牙的危害以及培养幼儿良好卫生习惯。结合艺术领域帮助幼儿熟悉剧中原有的歌曲并为其创编舞蹈。

同时在剧中涉及了四个基本角色,分别是牙齿、牙刷、细菌和赫赫。我们结合科学领域引导幼儿对于剧中这四个基本角色进行了深入的了解,掌握了剧中角色的特点,为以后音乐剧根据角色选择适宜添加的内容奠定了基础。

(2)家园共育,丰富幼儿的艺术体验

发动家长和教师一起为幼儿提供更多接触不同舞蹈、不同表演方式的机会,如外出观看演出及演出视频,极大地丰富了教师和幼儿对于艺术的感受和体验,同时也为音乐剧添加适宜的内容积累了素材。

4)研究过程中遇到的具体问题和针对问题的解决策略

中国音乐剧研究会教学专业委员会委员慕羽教授,在《音乐剧艺术与产业》一书中提到,"音乐剧是一种强调'整合'的'整体戏剧'。如果不与'剧'紧密结合,再优美的音乐和唱段,再大型的合唱队,再大的音乐气势,也不是成功的'音乐剧'之音乐。音乐剧中的'舞蹈'也不是'装饰性的流行舞蹈'所能代表的,它也要与'剧'紧密结合。同样,那些豪华巨型的舞台装置和讲究视觉排场的舞美效果,如果没有必要的戏剧来由,也没有艺术价值。"

那么如何引导幼儿自主为音乐剧选择、创编合适的舞蹈、音乐以及道具和服装呢?

以下是某班幼儿在研究过程中,遇到的具体问题和针对问题的解决策略。

(1)如何为角色选择合适的表演

① 为牙齿选择合适的舞蹈。

因为对于牙齿已有了深入的了解,孩子们就牙齿的特点该选择何种舞蹈展开了热烈的讨论。

有的孩子认为,应该选择儿童舞,因为我们的牙齿是小的,儿童舞就是我们小小的儿童跳的舞蹈。

有的孩子认为,应该选择芭蕾舞,因为爸爸妈妈曾经带她看过芭蕾舞《天鹅湖》的演出,演员们都穿着白色的纱裙,很能体现牙齿的洁白。还有孩子认为芭蕾舞竖起的脚尖很像是牙根。

但也有孩子认为芭蕾舞的动作过于轻柔,不能表现出牙齿的坚硬,如图5-2所示。

还有的孩子认为应该选择踢踏舞,因为踢踏舞很齐,能表现出牙齿的整齐;踢踏舞

鞋的铁片更像是牙齿的两个牙根。还有的小朋友觉得踢踏舞鞋的响声很像牙齿咬骨头的声音,如图5-3所示。

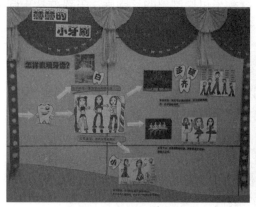

图5-2 为牙齿选择合适的舞蹈

图5-3 选择踢踏舞

孩子们的想法各异,我们经过全班投票最终选定了儿童舞和踢踏舞作为牙齿的表现方式。

反思

我们将问题直接交由孩子们讨论,由于前期准备中孩子们对于牙齿的特点以及不同种类的舞蹈已经有了一定的深入了解,因此在这一过程中孩子们敢于就自己的想法与大家进行分享,而每个孩子在选择舞蹈的时候都是根据"牙齿"这一角色的特点来进行选择的。

在讨论的过程中不仅发展了幼儿的语言表达能力和与同伴协商解决问题的能力,还发展了幼儿逻辑思维能力。而其中有一些想法是我们都没有想到的,如舞鞋与牙根的相似,踢踏舞鞋发出的声音与嚼骨头的声音相似。

我们将自主选择的权力交给孩子,孩子们的选择及理由让我们感到惊奇,让作为老师的我们都觉得自叹不如。

② 为牙刷选择合适的舞蹈。

因为孩子们为牙刷设计了大大的道具,所以在选择舞蹈上让我们都犯了愁,如何让道具与舞蹈更好地融合呢?

问题提出之后,很快有个孩子就为我们提供了一个好的方案。班中很多孩子都在学习舞蹈,其中有一个孩子在舞蹈班中见过一种用拐杖跳的舞蹈。经她一说孩子们都感到十分好奇,作为老师的我们确实也没想到这是一种什么样的舞蹈。于是我们便和孩子们一同通过多种途径去进行了解。

原来那个孩子说的舞蹈叫作"拐杖舞",这是我们未曾涉及过的,但孩子们都表现出了浓厚的兴趣,经过讨论孩子们一致认为"拐杖舞"愉快的感觉很符合小牙刷的特点。于是我们师生共同通过视频一起学习拐杖舞,如图5-4所示。

图5-4　学习拐杖舞

🔍 反思

在音乐剧的教学过程中,许多问题是无法预设的,随着教学的深入开展,慢慢涉及我们未曾想到的、没有过前期准备的问题时,没有想到为我们提出解决办法的竟是班中的孩子。孩子们来自不同背景的家庭,每个孩子都会有一些不同的经验,在遇到新的问题时,大家共同分析,想办法,共同解决问题。

在这一过程中孩子们进行经验的共享,作为老师的我们与孩子们共同学习,我们再不是凌驾于孩子们之上的传授者,而是共同学习的同伴,亦师亦友的关系让我们的孩子更加快乐与自信。

③ 为细菌选择合适的舞蹈。

细菌的表演中也存在道具的问题。有的孩子认为还是可以跳"拐杖舞",但是有的孩子认为拐杖舞并不适合细菌的表演。因为拐杖舞属爵士舞,爵士舞主要表现的是一种愉快、活泼、有生气的感觉,和细菌给孩子们的感觉完全不同。那么细菌该如何表现呢?

在经过激烈的讨论后孩子们觉得应该把队列行进加入到表演中来,更能体现细菌的威力。

🔍 反思

孩子们能够不受上一问题的制约,敢于提出质疑,充分地证明了我们的孩子在这一学习过程中增长了自信,敢于提出自己的想法,善于思考。同时也掌握了要根据角色特点来选择适宜的表现方式,并能将队列变为音乐剧中的肢体语言。孩子们的想象力和思维的迁移能力让我们惊叹。

④ 为赫赫选择合适的表演。

值得一提的是,孩子们对于赫赫的表演有很多自己的想法。有的孩子说,赫赫不就是我们小朋友嘛,不刷牙的孩子我们不喜欢,我们能不能不表演他是个不刷牙的小朋友呢？我们能不能把我们在幼儿园中发生的事,学到的知识也表演出来呢？

通过讨论孩子们还是觉得需要有个不刷牙的赫赫,不然故事就变了,这样不好。但是我们可以把我们在幼儿园中感兴趣的事情,通过表演音乐剧展现出来。孩子们通过激烈的讨论最终决定,展示课间操以及一个最喜欢的小合唱。

反思

让我们感到欣喜的是,孩子们不仅对于选择何种舞蹈及表现方式有了自己的想法和主见,并对剧中角色也有了自己的想法。通过讨论,孩子们能了解到一个剧中虽然有一个"不好"的角色,但是因为故事的需要他是必须存在的。

在这个问题中,孩子们知道不能取消这一角色后想出了一个折中的办法,孩子们在这一过程中慢慢在由自然人向社会人进行转变。

在生活中我们也会遇到这样的问题,有许多事情一定不会都是我们喜欢的,当遇到不喜欢做的事情时,我们要怎么去做呢？我想孩子们已经给出了我们答案。

音乐剧只是在发展孩子的艺术领域的能力吗？我想不是,在遇到一个又一个的问题时,孩子们通过讨论交流,不仅仅是学会了学习的方法,还学会了很多做人的道理,也让我们不禁开始反思自己。

(2) 如何为舞蹈及情节选择合适的音乐

由于孩子们想要加入更多新的表演,而大部分加入的内容又是由孩子们自主选择的,选择合适的音乐配合演出,成为要解决的大问题。

通过借鉴奥尔夫中的乐曲以及上网搜索,我们和孩子们很快为牙齿、牙刷以及赫赫这些表现欢快的形象找到了合适的音乐。但是要结合细菌的形象以及孩子们想要表现的方式寻找音乐让我们犯了难。

因为孩子们想要用队列行进表现细菌,我们首当其冲想到的就是进行曲。给孩子们听了很多进行曲如《军队进行曲》《凯旋进行曲》《西班牙斗牛士进行曲》,孩子们都觉得没有害怕的感觉,表现不了细菌。

于是我们向中央教科所吴志音教授提出了求助,很快,吴教授就为我们选择了一首音乐《攻击行进》,听到音乐后,我们和孩子们都很激动,这正是我们想要寻找的音乐。

🔍 **反思**

由于我们的专业知识及艺术素养有限,这在很多时候制约了我们将好的想法付诸实践,这时专家就好像是黑夜中的灯塔一般,为我们指明方向,解决一些我们无法解决的事情。站在巨人的肩膀上,我们才能够走得更高、更远。

(3) 如何为角色选择合适的服装和道具

通过前期的讨论,孩子们很快为牙齿选择了白色的衣服和踢踏舞鞋;为牙刷选择了舞蹈裙和"大牙刷"做道具;为赫赫选择了小校服。唯独到了细菌的服装时,让我们犯了难。

孩子们都说应该选择黑色的衣服,可是在买服装的过程中老师发现黑色的幼儿服装很少,而且多数都是小西装,孩子们觉得西装太绅士了,不应该给细菌穿。而究竟什么样的服装才是孩子们心中能够表现细菌的呢?

对于细菌孩子们的想法很多,有的说应该是浑身有刺的,有的说应该是有个标志的,还有的说应该就是黑黑的一团。想法很好可是合适的服装去哪里找呢?我们想到了用孩子们的想法去厂家定制。

就在我们想要定制的时候,园长和主任为我们提出了一个新的建议,孩子们的想法这么好,何不买些简单的黑色衣裤,让孩子们去装饰,自己亲手去把自己的想法展现出来呢?

这个提议一经公布孩子们都跃跃欲试起来。等待服装的这几天,孩子们每天都在讨论着要如何来装饰自己想要表现的细菌。最终孩子们用自己的方法做好了细菌的服装,如图5-5所示。

图5-5 细菌的服装

5) 效果与反思

通过本学期就音乐剧《赫赫的小牙刷》开展的研究与尝试,孩子们各个方面的能力都得到了很大的发展。

(1) 社会交往能力

孩子和教师一起做出判断,克服困难,解决演出中产生的问题。在表演过程中,孩子和同伴相互交流、合作,他们在讨论、商量、计划和演出中,积累了与同伴合作的经验。在这些交往活动中,孩子们开始明白怎么与人合作进行创作,合作行为有效地促进了学习小组的形成,在其中每个孩子都能尊重其他成员的不同观点和方法。

(2) 创造性思维能力

通过音乐剧活动,自主探究式的学习,孩子们习得了学习的方法,在探究的过程中孩子们的创造性思维得以发展。在提出新的意见时,孩子们越来越愿意提出不同的想法,使得孩子们创造性思维中的独创性得以发展。当自己的想法有些不符合问题时,可以接纳别人的建议或是寻找折中的方法,使得孩子们创造性思维中的变通性得以发展。

在想法被采纳后,乐于进一步为自己的想法提出完善的建议,使孩子们创造性思维中的精进性得以发展,如图5-6所示。

图5-6　完善自己的想法

(3) 艺术表现力及鉴赏能力

本学期就音乐剧中的舞蹈、音乐以及舞台美术三方面的研究,极大地丰富了孩子们的艺术体验,并敢于借助于艺术手段来展示自己的想法。孩子们的身体协调能力、音乐鉴赏能力以及美工制作能力都得到了显著的提升。孩子们更加愿意通过表演的方式展示自己,变得更加自信。

(4) 个人收获

在这学期的研究与尝试中,我们与孩子共同成长。就教师个人而言,也获得了很大的收获,各个方面的能力也得以增强。

① 观察能力与教学反思能力。在活动的过程中,教师开始慢慢学会应该如何观察幼儿,尝试思考孩子们的表现所指向的问题,就孩子们的发展需要寻找解决的策略。在一次次的活动中开始反思问题与收获,设计解决策略,在后期的活动中进行实践与完善。在一次次的反思中,慢慢寻找出了一些规律,积累了有关于音乐剧教学的一些经验。

② 学习能力。在这个过程中,由于许多专业知识和技能是我们也不曾涉及的,我们和孩子一样也在不断地学习。我们通过翻阅相关的书籍,增长有关音乐剧的专业知识。

通过上网搜索舞蹈视频,学习不同种类的舞蹈,并掌握其舞蹈的特点,与孩子们一同积累经验,丰富艺术体验。通过借助于专家的力量解决专业上的难题,并在这一过程中不断反思,积累相关经验。

(二)案例二:《拔苗助长》

1. 剧本

音乐剧《拔苗助长》

第一幕《种麦苗》

出场人物:农夫1、农夫2、小麦苗、小鸟 音乐:《农夫之歌》《小麦苗之歌》

所有人物随《农夫之歌》上场。

小鸟:叽叽喳喳,今天的天气可真好啊!

农夫1:李大哥,我的种子已经种好了,你的呢?

农夫2:我的也种好了!

农夫1:李大哥,你说咱们的麦苗什么时候能长出来啊?

农夫2:你别心急,咱们的麦苗啊过两天就长出来了!咱们先回去吧!

农夫1:嗯,好吧!

小鸟上场。

小鸟:晚上到了,小麦苗都长出来啦!

小麦苗随《小麦苗之歌》进行表演。

第二幕《拔麦苗》

出场人物:农夫1、农夫2、小麦苗 音乐:《小麦苗之歌》

农夫1:李大哥,你快看啊,我的麦苗都长出来了,你的呢?

农夫2:我的也长出来了!

农夫1:李大哥,咱们不如来比赛吧?

农夫2:比什么?

农夫1:就比谁的麦苗长得最快。

农夫2:行啊!

农夫2低头干活。

农夫1:小麦苗长得好慢啊,我怎么才能让它快快长大呢?有了!我把它拔高!

农夫1:拔麦苗。

农夫1:哈哈!大功告成啦!李大哥,我干完活了,你那边怎么样了?

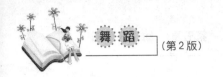

农夫2：我也干完了，咱们回去吧！
农夫1：好！

第三幕《麦苗之死》

被拔麦苗随《小麦苗之歌》进行表演。

小鸟：不好啦，不好啦，小麦苗怎么都死了！我要赶快告诉农夫们！

农夫1：睡得好舒服啊！哎呀，我的麦苗怎么都死了！李大哥你快来看啊！
农夫2：怎么了？怎么了？
农夫1：我的麦苗昨天还是好好的呢？怎么今天就全都死了呢？
农夫2：你昨天都干什么了啊？
农夫1：我没干什么啊？我就把我的小麦苗往上拔了拔！
农夫2：啊？这哪儿行啊！你把麦苗拔起来了，麦苗的根就吸不到水和营养了，当然就会枯死了啊！
农夫1：呜呜！我的麦苗全没有了！都怪我太心急了！

小鸟：这个农夫可真糊涂啊，不过像他这么糊涂的人可真不少呢，不信？你看！

第四幕《拔苗助长》衍生剧幕——《小鸟》

出场人物：小鸟、鸟宝宝 音乐：《小鸟破壳》《小鸟歌》

鸟宝宝在舞台侧趴好，鸟妈妈随音乐《小鸟歌》上场。
鸟妈妈：这些都是我的鸟宝宝，真希望他们快点孵出来，和我一起去捉虫子。我先去捉些虫子回来吧！（下场）

鸟宝宝随音乐《小鸟破壳》表演。
鸟妈妈上场。
鸟妈妈：太好了，我的小鸟宝宝们都孵出来了，我得赶紧让他们学飞！你飞！（推出一只小鸟，小鸟摔倒）
鸟妈妈：哎呀！你怎么不会飞啊！那你飞……（依次推出所有小鸟）哎呀！他们怎么都不会飞啊！我先下去看看他们吧！（飞到小鸟身边）
鸟妈妈：哎呀！我的小鸟宝宝们都摔伤了，看来是我太心急了。小鸟宝宝们咱们还是先学会跳吧！
小鸟随鸟妈妈跳下场。

第五幕《拔苗助长》衍生剧幕——《跑》

出场人物：妈妈、宝宝 音乐：《蹦跳的小兔》

妈妈：公园里的小鸟，叽叽喳喳叫个不停，正在和鸟妈妈学着跳呢！我也带我的宝宝到公园来学习走路。

妈妈：宝宝来，妈妈教你学走路。（妈妈拉宝宝上场）
妈妈、宝宝随音乐《蹦跳的小兔》表演。
妈妈：宝宝学东西要慢慢来，咱们先学会走吧！

第六幕《拔苗助长》衍生剧幕——《我的课余生活》
场景1：
出场人物：老师、小朋友、小红　音乐：《摘葡萄》
老师：小朋友们，今天我们一起来学个舞蹈吧！
小朋友们：好！
随音乐《摘葡萄》进行舞蹈。
老师：小朋友们，你们跳得太好了，回家给爸爸妈妈表演表演。
小朋友：好！

场景2：
出场人物：小红、爸爸
小红：爸爸，我们今天学了个舞蹈，我给你表演一下！
爸爸：好啊！
（小红进行简单表演）
爸爸：你跳得这么好，不如给你报一个培训班吧！
小红：太好了！

旁白：小红的爸爸给她报了舞蹈班，小红很开心，每周一她都去练习舞蹈。

场景3：
爸爸：小红啊，我看你们班小朋友有个学画画的，爸爸也给你报了一个。
小红：爸爸，真好，我最喜欢画画了！
爸爸：咱们现在就学去吧！

旁白：小红的爸爸又给她报了一个美术班，小红也很喜欢，每周二她都去学画画。

场景4：
爸爸：小红，我看别人学数学挺好的，我也给你报一个吧！
小红：可是爸爸我太累了！
爸爸：学习哪能怕累啊！

小红：那好吧，爸爸！

场景5：

小朋友：小红，放了学咱们一起去玩吧！

小红：不行，今天我要学舞蹈！

小朋友：那好吧，明天放学咱们再去玩吧！

小红：不行，明天我还要学画画。

小朋友：那你哪天能出来玩啊？

小红：我想想啊！周一学舞蹈，周二学画画，周三学钢琴，周四学速算，周五学滑冰，周六……

小朋友：好了好了，你别说了，我明白了，你每天都不能和我们玩了！那我们先走了！

小红：我也想和小朋友一起玩，我好累啊！

所有演员上场演唱歌曲《爸爸妈妈听我说》。

2．编创活动

主题来源：学期初，汇汇小朋友从家里带来了一本成语故事书，小朋友们都特别喜欢。一次表演区的活动中，几个小朋友用音乐剧的形式表演了一个自己喜欢的成语故事，激发了其他幼儿表演成语音乐剧的兴趣。

顺应孩子们的兴趣及需求，我们为幼儿提供了本次创编成语音乐剧的环境与机会，将创编成语音乐剧作为本学期音乐剧研究的主题。

1）引导幼儿构建音乐剧中的故事情节

我的故事我做主：图5-7所示为正在表演《拔苗助长》的小朋友们，她们为音乐剧构建故事情节，并且用音乐剧的形式表演了出来。

图5-7　音乐剧《拔苗助长》

教师计划：为幼儿提供创编成语音乐剧的机会与空间，引导幼儿分组，与同伴一起

根据成语含义建构音乐剧中的故事情节。

表演成语"拔苗助长"组的小朋友为他们的音乐剧建构的故事情节特别有意思,以下是他们的对话。

航航:"我想演被拔掉的小麦苗。"

小满:"我不愿意演被拔掉的麦苗,想演好麦苗。"

航航:"这个故事讲的就是麦苗被拔了的,没有好麦苗。"

金衿:"没关系,咱们可以有好麦苗。好麦苗在另一个麦田里,可以是别的农夫种的,不就行了嘛!"

梓源:"我觉得这个提议很好,那我演那个种好麦苗的农夫,我可以告诉那个农夫种麦苗不能太着急。"

汇汇:"那我演拔麦苗的农夫。我觉得可以让两个农夫比赛,一个好好种麦苗,一个着急想赢,就把自己的小麦苗拔高了。"

这组幼儿在原成语内容的基础上,为被拔的麦苗这一角色设计了一个未被拔出的"好麦苗"的对比角色,设计了两个农夫,一个是拔麦苗的农夫,来突出故事的内容,另一个是不拔麦苗的农夫,和前一个农夫进行对比,并以台词说明拔苗助长的危害,使得整个成语故事更具有教育意义,故事结构特别有意思,表演得也十分生动,得到了全班幼儿的喜爱,成为我们确定表演的第一个成语音乐剧。

2)提出问题引导幼儿观察

小麦苗真的会死吗?

(1)科学实验:《植物是怎么喝水的?》

教师计划:为了帮助幼儿更好地了解"拔苗助长"的害处,特此设计了《植物是怎么喝水的?》教育活动,通过活动使幼儿了解:植物的根离开了土壤就不能再吸收水和营养了。

幼儿对于科学实验特别地感兴趣。在活动开始环节,教师通过提问,引导幼儿观察植物各部位,了解其名称。对于大部分部位的名称,幼儿都知道,但是对于"茎"的名称比较模糊,通过学习,幼儿掌握了各部位名称。

教师又通过提问,引导幼儿回忆植物成长需要什么?植物是怎样喝水的?孩子们凭借着经验,很快都回答了上来。但当老师问到有什么方法能够验证时,孩子们有些茫然。通过几次的追问与启发,有个别幼儿提出自己的设计实验。

其中旖旎小朋友的想法特别好。她提出:我们可以把一枝花插到空瓶子里,往花的花瓣上浇水,另一枝花插在有水的瓶子里。观察哪个花能够长得好,如果第一枝长得好,就证明植物可以通过花瓣来"喝水";如果第二枝长得好,就证明植物通过"茎"来"喝水",如图5-8所示。

在后面的验证实验中,孩子们特别感兴趣,自己稀释红墨水,插入花枝,不停地交流着自己的想法。活动后,孩子们总是惦记着自己小组的实验,总想去自然角看一看,对于观察植物产生了浓厚的兴趣,同时对于"拔苗助长"中的小麦苗又有了新的认识(图5-9)。

图5-8 科学实验　　　　　　　　　　　　　图5-9 观察、讨论

（2）观察植物角

教师计划：通过科学实验，孩子们进一步了解了植物生长所需的条件，但是对于成语"拔苗助长"，有的孩子产生了质疑，小麦苗只是被拔高了并没有离开土壤，怎么会死呢？针对孩子的这一疑问，我们植物角为幼儿提供观察材料，引导幼儿通过观察寻找答案。

在植物角我们根据成语"拔苗助长"中的场景，为孩子们提供了一组对比材料，种有同样植物的两个花盆，一个花盆中的植物被拔高，另一个花盆中的植物保持不变，以供孩子们观察。

通过连续几天的观察，有一天贾世博跑过来对我说："苏老师，你快看啊，被拔高的那盆花真的蔫了！"我走过去，看到很多孩子都围在那里兴奋地说着他们看到的现象。

豪豪："你们看，我就说吧，它一定会死的！"

子墨："被拔高真的就死了。"

这时，金衿在一旁皱着眉头说道："可是为什么它就死了呢？明明它的根就是没有离开土啊？而且我们也给它浇水了啊？"

孩子们都沉浸在验证了自己想法的喜悦中，谁也没有关注到金衿提出的问题。于是，我加入到了讨论中，也提出了和萧金衿一样的问题。一时间，孩子们有些不知所措，齐刷刷地看向我。

看到孩子们迷茫的眼神，我问道："这两组植物有什么不同呢？"

金衿："一组的被拔高了，另一组没被拔高。可是都没有离开土壤啊！"

我又问道："他们的根在土壤中的位置一样吗？"

孩子们想了想，齐声说："不一样。"

豪豪："一个位置高，另一个位置低。"

"金衿，你觉得这两组植物的根应该在哪儿呢？"我问道。

金衿走到两组小盆前用小手指了指，一个离盆沿近一点，另一个离盆底近一些。

我说："好，现在你把小手分别插入刚刚你指的位置。试试有什么不同？"

按照我说的，金衿先把小手插入被拔高植物的那盆土壤她刚刚所指的位置，并转头奇怪地看了看我，好像在说，摸土干什么？我没有说话示意她再试试另一盆。

于是，她将手又插入到了另一盆位置更深了一些，再次转过头惊奇地看着我。旁边的孩子们再也按捺不住了,好奇地问:"怎么了,怎么了?"

金衿:"第一盆的土是干的,这一盆的土是湿的。"

孩子们一下子炸开了锅,又开始你一言我一语地说了起来:"怎么会这样呢?怎么……"我也就问道:"为什么?"

金衿:"我知道了:上面的土离太阳近,干得快,在这个位置的小植物的根就吸收不到水了,因为水都干了。"

子墨:"对,我也觉得是这样!"

……这时,孩子们都争着想要自己亲自感受一下不同位置的土壤是否一样。

反思

自然界的一些常识与知识,不是只通过教师介绍,孩子们就能体会的,它需要孩子们亲身去体会。在这个过程中,教师应给予孩子更多自由探索的空间,为孩子们提供观察的环境,并从旁关注幼儿的观察情况,及时收集孩子们的点滴发现,肯定并鼓励孩子们的探索行为。

在观察的过程中,当幼儿遇到问题时,不要急于介入,要给予孩子们相互讨论、思考的时间,鼓励幼儿自己解决问题。当孩子们需要帮助的时候,通过提问的方式启发幼儿思考,鼓励幼儿进行尝试,帮助幼儿提炼总结经验,并和同伴进行经验的共享。

3)音乐剧的创编活动

教师计划:音乐剧的表演是一个多种艺术表演整合的表演,这是它与歌剧、话剧最大的区别。一个好的音乐剧需要音乐、舞蹈等多种表演形式,但是音乐剧中的舞蹈与歌曲一定是和剧情息息相关的。本学期我们开展成语音乐剧的主要难题就在于没有现成的剧本及配套的音乐。

面对这样的问题我们应当如何解决呢?孩子们可以很好地建构故事情节,但是可以自己创编歌曲吗?本着过程远比结果重要的理念,结合孩子们的需求、孩子们的能力以及《幼儿园教育指导纲要(试行)》中艺术领域的目标,我们还是将这个机会留给了孩子们(图5-10)。

(1)小麦苗之歌

教师计划:在成语音乐剧表演的第一节活动当中,表演成语"拔苗助长"的小组根据麦苗被"拔"前和被"拔"后的心情以《闪

图5-10 为音乐剧创编歌曲

烁的小星》作为旋律,创编了有趣的歌词。通过科学领域一系列的活动,孩子们对于小麦苗又有了新的了解,很多小朋友都想要为《小麦苗之歌》添加更多的内容,特此设计此次活动。

教师引导幼儿回忆有关音乐剧《拔苗助长》中"小麦苗"这个角色遇到的问题。

① 提问:小朋友,你们还记得在第一组表演《拔苗助长》时,关于小麦苗这个角色他们遇到了什么问题吗?(《小麦苗之歌》歌词太少,没有唱出小麦苗想要表达的内容)

② 提问:那小麦苗都想表达什么内容呢?它被主人拔高之前和拔高之后的心情一样吗?为什么?(引导幼儿从小麦苗被拔前及被拔后的不同心情以及植物通过根、茎传输营养等方面入手)

因为对于小麦苗这一角色有了新的了解,所以在创编歌词的过程中,很多小组都将植物"喝水"的特性加入到了歌词的创编中来,如:根离开土壤喝不了水了;我被拔高离开土壤了;我被主人拔高了等。

在分组创编歌词之前,教师通过提问回忆创编歌词的方法。

③ 提问:以《闪烁的小星》为伴奏,我们需要创编几句歌词?(六句)

④ 如果想要表达的都创编好后,不够六句怎么办?(可以重复其中一句或两句;可以用"啦"或是"噜"等字哼唱旋律。如:啦啦啦啦啦啦啦,我们是快乐的小麦苗;我们一起快乐地长高;天天一起在成长;啦啦啦啦啦啦啦,快快乐乐地成长)

孩子们还根据剧情加入了很多有意思的歌词,如:我的主人把我拔高了;根拔高了,吸收不到水分、营养了等。

在分组创编后,通过小组展示,孩子们将每组中最押韵、最能表达剧情的歌词选了出来,经过集体的整理,创编出了《小麦苗之歌》。

好麦苗:

我们是快乐的小麦苗,我们一起快乐地成长。
一天一天地长高,慢慢地、慢慢地再长高。
我们是快乐的小麦苗,我们一起快乐地成长。

坏麦苗:

我们是可怜的小麦苗,我们是可怜的小麦苗。
我被主人拔高了,吸收不到水和营养了。
我们是可怜的小麦苗,我们是可怜的小麦苗。

孩子们对于自己创编的歌曲都特别地喜欢,全班很快就都学会了。

反思

通过这次活动,可以看出孩子们已经掌握了创编音乐剧中歌曲的要领,所创编的歌词都是与剧情有关的,歌曲的添加使音乐剧的表演更加形象生动了。

孩子们的创造潜力是无限的,我们很庆幸没有为孩子们"包办代替",给了孩子们再一次创造的机会,同时也累积到了有关于创编歌曲的新的知识。

(2) 农夫的舞蹈

教师计划：在成语音乐剧"拔苗助长"的活动中，孩子们为小麦苗添加了歌曲及舞蹈。有的孩子提出了：农夫的表演太少了，我们应该给农夫也加入一些舞蹈表演。孩子们根据农夫的特点选择了音乐，并起名为《农夫之歌》。此次活动是就选出来的《农夫之歌》进行舞蹈的创编，如图5-11所示。

图5-11　创编舞蹈

活动开始后，教师带着孩子们一起回顾了一下农夫的特点以及舞蹈创编的要点，回顾过后，孩子们就以小组的形式开始了排练。

其中一组幼儿在排练时，产生了一个有趣的想法。

旖旎提出："我觉得，我们可以把《农夫之歌》当成上场音乐，让所有角色都跟着音乐上场。"

金衿："我觉得不好。这是农夫之歌，如果大家都跳这个舞就都变成农夫了。"

小满："没关系，我有个好办法。咱们可以让小鸟、小麦苗还有农夫都做不一样的动作，就是出场的动作一样，不就行了吗？"

"那怎么做啊？""咱们可以让小鸟这么飞……""咱们可以就做农夫种地的动作……"大家一边说着一边创编着自己的动作。

时间慢慢地过去了，到了展示的环节，各组都根据农夫的特点创编出了自己的舞蹈。在金衿组展示的时候，大家都被这种形式吸引了，得到了小朋友们的一致好评。

反思

在此环节活动中，孩子们积极参与到了舞蹈的创编中来，同伴间相互讨论、交流，碰撞出了智慧的火花。他们在创编的过程中不只是考虑到舞蹈的动作，还结合了音乐剧表演的需要，将这个音乐作为了出场音乐，使音乐剧的表演更加连贯。孩子们能够将音乐剧中的各种元素融会贯通，不再以割裂的形式进行创编。

往往一些好的点子都是来源于孩子，在孩子们能够自己解决的问题中，教师需要做的是帮助幼儿们梳理、总结经验,积累好的方法,鼓励幼儿相互学习,给予孩子们更多自由发挥的空间。

(3) 成语的延伸

生活中的"拔苗助长"。

教师计划:"拔苗助长"这个成语看似具体,但是所涉及的内容实际离幼儿还是很远,为了帮助幼儿更好地了解成语"拔苗助长"的含义,我们引导幼儿将成语与自己的生活建立联系,结合自身已有经验,创编出生活中的或是想象中的故事,并尝试以音乐剧的形式表演出来,如图5-12所示。

图5-12 生活中的"拔苗助长"

回顾过成语"拔苗助长"的含义后,就开始了我们的创编活动。孩子们都很积极踊跃地说着自己的故事。

豪豪说:"有个农夫想要看看他的萝卜种好了没有,就把他的萝卜拔起来了,一看好了就全拔出来了。"

我问道:"这个故事和拔苗助长的含义一样吗?"

小朋友都说:"不一样。萝卜熟了就该拔,没有错啊!拔苗助长的农夫是做错事了!"

小满说:"有个主人让他的小猫不要心急,慢慢地学走路。"

我忙向全班小朋友问道:"这个故事和拔苗助长的含义一样吗?"

梓源:"不一样。这个故事的主人做的事情是对的,他没有心急;可是拔苗助长里的农夫做的是错的事情,他心急了。"

这时子墨好像受到了启发,忙举起了手来:"我有个故事,有个小孩还不会走呢,就想跑。"

我问道:"那然后呢?"

子墨:"然后他就摔了一身的伤。"

我说:"对,这样故事才完整,故事要有头也有尾。有起因,有过程,当然也要有结尾。那小朋友们再来说说,子墨小朋友创编的故事和拔苗助长的含义一样吗?为什么?"

泽泽:"一样,因为这个故事里的小孩也很心急。"

孩子们的思路一下就被打开了,争先恐后地想要展示自己的故事。这个中间不免还是有一些故事的内容与拔苗助长的含义不太相同,但是在小朋友的讨论中,又一一做了修改。通过对于每个创编的故事的讨论,孩子们很快就找到了创编故事的方法以及哪种内容才是与成语"拔苗助长"含义相同的。

例如:

金衿:有个短发的小姑娘,用揪头发的方法,想要让头发快速长长,结果头发都揪掉了。

梓源:鸟妈妈着急让刚孵出来的小鸟飞,结果小鸟都摔伤了。

子乔:有个小朋友,她的爸爸给她报了好多的课外辅导班,结果她学得太累了,哪个都没学好。

孩子们通过投票选出了最想要表演的故事。

反思

在成语的学习中,孩子们看似已经掌握了成语的含义,实则不然,虽然他们能够说对这个成语,但是当要他们就成语进行造句,或是就成语的含义进行创编故事时,就会发现很多孩子其实并没有真正地了解这个成语的含义。所以才会出现赵或豪小朋友创编出的故事,认为拔东西就和这个成语有关,关注成语中的动词。

这与幼儿的年龄特点也是相关的,大班的孩子虽然已经累积了相当的词汇量,但是部分幼儿仍对带有动词的成语理解得更快,也更容易关注到成语中的动词,容易片面地理解这个成语,导致并未真正得理解成语的含义。

又如小满小朋友,很明显她已经了解到了成语的含义是做事不应该心急。这个阶段的幼儿往往是非感极强,所以在他们所创编的故事中多数都是积极的、正面的故事,很少会如"拔苗助长"这个成语一样,用错误的事情做故事来告诫别人。

在教育活动中,不怕孩子说错做错,如果抓住了教育的契机,这些小小的"错误"反而会成为孩子们掌握的关键。在遇到孩子们的"错误"时,不要急于评价,把评价的机会留给同伴,并及时追问原因,使得这个孩子和同伴都得到了学习和巩固的机会。要在评价过后肯定两名幼儿的表现：一个是敢于表达自己的想法，只有表达出了自己的想法才能让别人了解你的想法，也才能知道自己的想法到底是对是错；另一个是善于发现问题，并能够针对问题说出自己的想法及理由，帮助别人纠正问题。通过上述活动，使不同层次的孩子都得以发展，养成同伴间相互学习的习惯。

（4）展演前的准备

教师计划：成语音乐剧《拔苗助长》的创编活动基本已经完成，要开始为展演做准备了，其中服装的选择尤为重要。我们将幼儿园近些年来的演出服装全部取了出来，在班里进行展示，请孩子们挑选适合角色的服装，如图5-13所示。

图5-13　选择表演服装

孩子们根据角色的颜色与形态进行挑选，但是对于其中两个角色的服装孩子们产生了争论。

子乔："我觉得小麦苗应该穿那件绿色的裙子，因为小麦苗本身就是绿色的。"

珈雪小朋友马上就提出了质疑："可是，绿裙子上有羽毛，小麦苗身上怎么会有羽毛呢？"

金衿："那不如咱们把羽毛摘掉吧！"

珈雪："不行，我刚才试过了，羽毛缝得很紧，要是摘掉衣服也要坏了。"

"那可怎么办啊？"孩子们讨论了起来。

金衿："没关系，我可以让我姥姥帮忙，从背面一点一点把线剪开。我姥姥在家经常这样改衣服的。"

子乔："我们还可以换一个和羽毛大小一样的小麦苗，把它粘在羽毛上。"

"这个主意好！"

"我会画麦苗……"

这个问题很快得到了解决。

子乔根据颜色为小麦苗选择了绿色的裙子，而赵旖旎小朋友根据形态给小鸟选择了一身服装。

旖旎："老师，我觉得这身小鸭子的服装可以给小鸟穿，就是头饰上的嘴巴需要变一变。"

我忙问道:"怎么变啊?"

旖旎:"就是把那个扁扁的嘴,给'撅'上去。"

我让她到前面来示范,她走到前面拿起小鸭子头饰,把大拇指和食指分别放在小鸭子嘴两侧,两个手指往中间一捏,扁扁的小鸭子嘴就变成了尖尖的小鸟嘴了。但是他一松手,"小嘴巴"马上变回了原样。

这时,有孩子说道:"这个嘴巴没法固定啊!"

旖旎:"我们可以用胶水粘上。"

金衿:"不。我们可以缝上,这样结实。"

在老师的帮助下,我们的小鸟服装也完成了。

反思

将幼儿园已有的服装取出让幼儿挑选,引导幼儿用已有的材料解决现在的问题,可以帮助幼儿从小树立节约、环保的理念。同时因为服装不是定制的,孩子们还需要在这个过程中,根据需要对服装不断进行改进,极大地促进了孩子们变通能力的发展,凸显创造性思维中的变通性。

体会

当代绘画大师毕加索曾经说过一句意味深长的话:"我花了一生的时间去学习像儿童那样作画。"要学的不是技巧,而是孩子们的创造力,是孩子们对于生活富于创造性地表现。成语音乐剧创编活动激发出了孩子们的创造潜能,并使得孩子们拥有了多彩的表达手段。音乐剧已经在孩子们的心中生根发芽,孩子们能借助音乐剧更好地畅游在想象的天际。

(三)案例三:音乐剧《打妖怪》

1. 剧本

第一幕

音乐《唐僧骑马咚咚咚》

唐僧、孙悟空、八戒、沙僧、白骨精随音乐边唱边出场。歌词唱到哪个人物时,该人物到舞台中心表演,绕台一周后,各自站到自己的位置上……

白骨精:哈哈哈!终于盼来唐僧了,吃了唐僧肉我就能长生不老了!哈哈哈哈!(手掩住嘴,走下台)

唐 僧:悟空,你去前面的山上摘些果子吧!

孙悟空:好的师父,我去去就回! (悟空迅速下台)

八 戒:师父累了!咱们去休息一下吧!

唐　僧：也好！

沙　僧：师父,我来扶您！

沙僧扶唐僧坐于假山旁；猪八戒坐在地上；沙僧立于唐僧旁,端碗为唐僧递水……

第二幕

音乐《妖精歌（一）》

妖精在一侧台下,孙悟空在另一侧台下,唐僧师徒三人在舞台侧面。唐僧坐在假山旁,猪八戒坐在地上,沙僧端碗立于唐僧旁,给唐僧递水……

妖精携小姑娘随音乐上场唱至"变成小姑娘"妖精下台,小姑娘继续表演。小姑娘提篮,伸向观众,后收回,伸向八戒……

八　戒：什么味道这么香啊？（边说边凑上前去）

小姑娘：是馒头的味道啊！这个馒头是送给你们吃的！（手指向唐僧）

八　戒：真的吗？太好了！师父快来啊！有人给咱们送馒头来了！（边说边跳起来伸手招呼唐僧他们过来）

沙　僧：师父,我们去看看吧！

唐　僧：也好！（沙僧扶唐僧上前）

唐　僧：阿弥陀佛！这位施主……

突然间,孙悟空挥棒冲上台来……

孙悟空：（大吼）呔～你这个妖精快拿命来！

八　戒：（八戒拦在孙悟空与小姑娘之间）猴哥,她是给咱们送吃的来的！

孙悟空：（孙悟空推开八戒,面向沙僧）沙师弟！保护师父！

沙　僧：好的,师兄！（沙僧扶唐僧往后退）

孙悟空把金箍棒在地上一立,音乐起《火眼金睛美猴王》,同时孙悟空舞蹈……

孙悟空：呔,你这个妖精快拿命来！（挥棒打妖精,妖精应声倒地）

唐　僧：悟空,你怎么能这样？

孙悟空：师父,她是妖精变的！

唐　僧：还敢胡说！我要念紧箍咒了！南无阿弥陀佛……

孙悟空：（抱头痛苦状）师父,我再也不敢了！

唐　僧：也罢！我们速速上路吧！

唐僧师徒四人下台,白骨精上台……

白骨精：哈哈哈！我是不会让你们逃出我的手掌心的！（扶起小姑娘）

哈哈哈！（一同下台）

第三幕

音乐《妖精歌（二）》

师徒四人站在台侧,妖精在台下……

妖精携老大娘随音乐一同上台,唱至"变成老大娘"妖精下台,老大娘继续表演……

老大娘:唐僧,还我女儿!

八　戒:猴哥,都赖你!你看人家找来了吧!

唐　僧:悟空,快和人家道歉!

沙　僧:师父,别生气!快喝口水吧!

孙悟空:你们都冤枉我了!她还是妖精变的!让我用火眼金睛照一照他!

孙悟空把金箍棒在地上一立,音乐起《火眼金睛美猴王》,同时孙悟空舞蹈……

孙悟空:呔,你这个妖精快拿命来!（挥棒打妖精,妖精应声倒地）

唐　僧:悟空,你怎么又杀人了?

孙悟空:师父,她还是妖精变的!

唐　僧:还敢胡说!我要念紧箍咒了!南无阿弥陀佛……

孙悟空:（抱头痛苦状）师父,我再也不敢了!

唐　僧:最后原谅你一次。也罢!我们速速上路吧!

唐僧师徒四人下台,白骨精上台……

白骨精:哈哈哈!我是不会让你们逃出我的手掌心的!（扶起老大娘）

哈哈哈!（一同下台）

第四幕

音乐《妖精歌（三）》

师徒四人站于台侧,妖精在台下……

老爷爷随音乐上台,一小节一停,边走边看观众,行至台中边唱边表演……

老爷爷:你们等等,给我站住!

唐　僧:阿弥陀佛,这位施主有什么事吗?

老爷爷:你们还我女儿!还我老婆子的命来!

八　戒:猴哥,都赖你!你看人家又找来了吧!

孙悟空:你们又冤枉我了!他还是妖精变的!让我用火眼金睛照一照他!

孙悟空把金箍棒在地上一立,音乐起《火眼金睛美猴王》,同时孙悟空舞蹈……

孙悟空:呔,你这个妖精快拿命来!（挥棒打妖精,妖精应声倒地）

唐　僧:你……（生气状）

孙悟空:师父,别着急!（跪地,握住唐僧的手）你看!（起身,拿起骷髅布,铺在老爷爷身上）

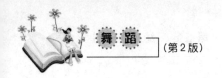

八戒、沙僧：猴哥！你真棒！

孙悟空站于台中把金箍棒在地上一立，然后其他所有演员上场，音乐《火眼金睛美猴王》起，大家一同舞蹈……

2．编创活动

此案例的侧重点在于为大家阐述一部音乐剧教育活动实施中，幼儿音乐剧教育的几大培养重点的体现。

假期回来以后，很多幼儿都在哼唱动画片《西游记》的主题曲，对于孙悟空这个形象特别地感兴趣。中班幼儿处于是非感建立的重要时期，故我们选择了音乐剧《打妖怪》为本学期音乐剧教育活动的内容。

1）引导幼儿建构音乐剧中的故事情节

孩子的学习经验是在不断地遇到问题、分析问题、解决问题、总结经验中建立起来的，每一次问题的出现都推动着孩子们的成长。此次活动中，孩子们就是在不断地解决问题中，积累宝贵的经验，并不断地进行着迁移和运用。

情境再现

问题一：没有金箍棒怎么办？

孙悟空是剧中孩子们最喜欢的角色，孩子们总是喜欢模仿孙悟空的样子进行表演。在一次音乐活动《火眼金睛美猴王》后，几个小朋友提到：孙悟空有金箍棒，可我们没有。这就是孩子们自己发现的第一个问题，于是我们就把问题抛给全班的幼儿："没有金箍棒怎么办？"很快结果就出来了。

孩子们有的说，我可以让爸爸妈妈买一个带到幼儿园。

有的说，我们可以拿个棍子当金箍棒。

还有的说，我们可以自己做一个。

对于以上三种想法我和孩子们共同讨论的结果是：

(1) 音乐剧是我们自己要表演的节目，不应该麻烦爸爸妈妈，要先试着自己想办法。

(2) 用棍子当金箍棒打人太疼了，容易伤到小朋友。

(3) 我们要自己做金箍棒，但是用什么做呢？

反思

求助于大人的帮忙，无疑是最快捷的方法。但是我们的教育目标是要帮助幼儿逐步养成良好的学习品质，我们鼓励孩子们遇到问题要尝试自己先去解决，敢于探究敢于尝试，反复尝试后仍然不行再去求助于别人。这样所积累下的经验才会更加深刻。在新的问题引领下，孩子们又展开了新的探索。

第五章　幼儿音乐剧

问题二：金箍棒要用什么做？

很明显我们又有了新的问题，事实上我们的孩子已经在解决音乐剧中的一个重要的组成部分——道具的问题了。

通过讨论，孩子们一致认为用旧报纸做金箍棒最好，因为旧报纸既大又环保。孩子们的环保意识在点点滴滴中建立起来。

反思

孩子们拿着自己做的"金箍棒"特别开心。这种获得成功的体验，是多么精美的玩具也换不来的。

问题三：我们做的金箍棒要怎么比？

就在孩子们用自己的金箍棒相互嬉戏时，我听见两个小朋友这样的一段对话：

"你看我的金箍棒比你的长。"

"那怎么了，我的金箍棒还比你的粗呢！"

这里我要说，真的不要小看孩子，孩子们的眼睛都特别地善于发现，只是有时我们没有听懂或是忽略了。

经他们这么一说，我看好多小朋友也开始比起了自己的金箍棒，在这个过程中，孩子们做的正是数学中量的比较及排序的活动，感知数学在生活中的有趣和应用。

同时经过比较我们发现，虽然用的材料都是一样大的报纸，但是小朋友们的金箍棒大多都不一样长，这是为什么呢？孩子们又开始了新的探索。

体会

这只是音乐剧活动中一个小小的缩影，类似的情况我们经历了很多。在一个一个问题的引领下，孩子们慢慢地体会着发现问题与解决问题的快乐，并积累了宝贵的经验。

2）注重表达

幼儿对事物的感受与理解往往不同于成人，充满了想象。但是由于有些幼儿不善于表达，使得很多好的想法无法与人沟通。在音乐剧主题活动中，我们设置了许多环节，支持幼儿将自己对于事物的理解用各种形式进行表达，这里的表达不单只是语言的表达，还有一些艺术形式的表达。

情境再现

在我知道的猪八戒的活动中，孩子们根据自己的了解说道："猪八戒很胖""猪八戒很懒""猪八戒很馋"。孩子们很快就找到了猪八戒的特点并用语言表达了自己的观点。

这时老师提出了新的问题:"小朋友们说得都特别好,老师想把你们的想法贴在主题墙上分享给更多的人,你们有什么好的办法吗?"

有的孩子说:"我们可以写下来。"

有的孩子说:"我们可以画下来。"

🔍 反思

经过讨论,孩子们都认为画下来很好,因为这里面有好多字是他们不会写的。

孩子们用绘画表达猪八戒的特征,他们用流下的口水表现猪八戒很馋,用露出的肚皮表现猪八戒很胖,用猪八戒躺着的样子表现猪八戒很懒。

除了用绘画的方式表达,孩子们还想到了用动作进行表达。

除了这些方式,有一个小朋友还想到了通过改编学过的歌曲《猪八戒吃西瓜》进行表达。

📝 体会

音乐剧中对于幼儿"表达"的培养,让幼儿能够将自己的观察和想法,尝试着用各种方式进行表达,使幼儿体会到了表达的乐趣,学习到了表达的方法。

3) 集体协作

在音乐剧的学习中,最为重要的就是孩子们社会性的发展,通过分组活动引导幼儿体会合作的重要性,懂得谦让与分享,并学习换位思考。

💻 情境再现

在第一次分组活动中,孩子们就遇到了角色少、"演员"多的问题,怎么办呢?经过讨论孩子们决定如果有几个小朋友都想演一个角色就用石头剪刀布的方法,决定由谁来演,等角色分完了再由没有角色的小朋友选择自己喜欢的角色和别人共同扮演。

孩子们都能很好地遵守自己所制定的规则,因为他们知道为什么要制定这些规则,体会到了规则的重要性。但是有的小朋友也有不按照规则做的时候。在一次分组练习中,涵涵和雪莹都想要演小姑娘的角色,组长刚要组织他们做石头剪刀布的时候,涵涵说道:"雪莹,不如咱们一块儿演吧!"雪莹愉快地答应了。

🔍 反思

在感受到孩子们友爱的同时,也让我们认识到规则并不是一成不变的,不是冷冰冰地束缚,而是要为孩子的活动提供服务的,只要这组小朋友没有异议,这样的"破坏规则"

未尝不可。

有时规则却又是必须要遵守的,比如另一组有一个小朋友非要演孙悟空,可是在进行石头剪刀布时又输了,就哇哇大哭起来,必须要演那个角色。音乐剧的活动中需要的是团体的合作,每个角色都很重要,这时孩子们就需要从以自我为中心的意识中转变过来,学会以集体为中心。

规则在这个时候就起了作用,显然这个小朋友的要求并不合理,所以他的要求并没有得到满足。经过老师的劝导,孩子明白了,也体会到了这样的道理。在后来的日子里,我们常常会关注这个小朋友这一方面的问题,并及时加以引导,孩子慢慢地开始学会体会和关心其他的小朋友,更加热爱我们这个大家庭了。

体会

不仅学习能力需要在解决问题中得到发展,孩子们的社会性问题也可以在解决问题中得以纠正。不怕孩子们有问题,只怕没有机会让我们了解到孩子们的问题。我们要帮助孩子们及时地改变不好的行为习惯,使其社会性得以更好地发展。

情境再现

在半个月以前,孩子们经历了另一种体验,那就是排练。

在一次家长访谈的活动中,果冻的妈妈就和我们分享了这样一个案例。

果冻是此次开场舞演员。果冻妈妈告诉我们,在几次音乐剧组排练后,果冻想转换角色加入到音乐剧的排练中。当妈妈鼓励他向老师表达他的想法时,他却说:我走了,开场舞组怎么办。

反思

这就是孩子们身上的责任感与奉献精神。我们的排练不仅是为了这一次的演出,更多的是让孩子们体会这样一个过程,这就是我们所倡导的,过程远比结果重要。

体会

排练不如平时的活动那么有趣,更多的是反复的练习以及同伴间的配合,期间孩子们十分辛苦,但是却为孩子们提供了一次锻炼的机会,使孩子们学会了勇敢与自信、坚持与责任。

4) 艺术创作

音乐剧作为一种艺术表演方式,在探究的过程中对于艺术的创作是必不可少的。本着以幼儿为主体,教师作为支持者、引导者与合作者存在,最大限度地为幼儿创设自主的空间,我们鼓励幼儿尝试自主解决在活动中遇到的问题,并借助于艺术的方式进行表达,同时注重各领域、各目标之间的整合与渗透。

(1) 活动一：道具的制作

情境再现

在刚才关于问题引领部分的介绍时,大家已经看到了孩子们通过一步步地分析问题,制作出了最为合适的金箍棒。可孩子们在道具方面的制作却不仅于此。

因为此次音乐剧选材的特殊性,音乐剧中的音乐融入了许多京剧的元素,我们特别设计了以《说唱脸谱》作为开场舞的演出,让孩子们感受中国传统文化,认识了脸谱后孩子们都觉得用"脸谱"来当开场舞的道具最好。

制作脸谱对于孩子们有些难度,因此我们根据幼儿发展的特点,分为若干个阶段循序渐进地引导幼儿进行制作。首先认识脸部,感受其色彩丰富、对称的特征,并了解不同的脸部不同的颜色可以代表不同的人。然后根据脸谱的特征,在脸谱轮廓中设计自己的配色方案。全班投票选定设计图,然后再按设计图完成脸谱的制作。这是孩子们制作的脸谱。

(2) 活动二：台词的创编

情境再现

本剧中大部分的台词都是由孩子们自己创编的,在这个过程中,孩子们不仅考虑到了剧情,同时还兼顾了对话性。

如白骨精变化成了小姑娘之后,把馒头送给唐僧吃。

孩子们创编的台词是："我这里有香香的馒头",再说一句"这些馒头是要送给你们的！"这样剧情才能继续。

但是在分组练习时,一组表演小姑娘只说道："我这里有香香的馒头"然后就停下了,这组表演猪八戒的小朋友马上就说道："这是要送给我们的吗？"

小姑娘说："是呀是呀。"孩子们尝试着用自己创编的台词,推进表演。

最有意思的还是孩子富有个性的台词创编。

如在表演到唐僧拒绝小姑娘之后,原本的设计是孙悟空直接上来打死"小姑娘",没有猪八戒的台词。

谁知班中有一个小朋友在表演猪八戒的时候却加了一句"桃子哪有馒头好吃啊！吃多了还会拉肚子呢！"话音刚落,引得老师和小朋友们都捧腹大笑,自此,这句话成为班级的经典台词,每组排练的时候都会用到。

(3) 活动三：妖精变换角色时的上场设计

情境再现

音乐剧《打妖怪》中有一首《妖怪歌》，孩子们一致认为应当做妖怪上场时的表演音乐。其中有一句歌词唱的就是："白骨精变成小姑娘"，但是要怎么随着音乐进行表演呢？针对这一问题我们和孩子们展开了讨论与尝试。

雪莹："白骨精和小姑娘是不同的小朋友表演的，应该两个小朋友一起表演。"

果冻："不对，应该小姑娘一个人表演。因为白骨精已经变成小姑娘了，是同一个人，只能一个人表演。"

孩子们你一句我一句，说得各有道理。

教师："没关系啊，咱们可以把小朋友出的主意都试一试。"

首先是果冻小朋友的想法，一个人表演，孩子们都觉得很合适。然后是雪莹小朋友的想法，请了一位她的好朋友和她一起表演，两个小朋友一起上台表演，孩子们马上就说："不对不对，白骨精不会分身术，只能有一个。"

教师："那应该怎么表演呢？"

思涵："我有好办法。我们可以先让小姑娘藏起来，白骨精表演；等唱到白骨精变成小姑娘的时候，白骨精藏起来，小姑娘再表演。"

教师："但是藏哪儿啊？"

思涵："我们可以藏在后台！"

我请张思涵小朋友也邀请了一个她的好朋友进行表演，孩子们都表示，这个主意很好。

这时，灿灿举手说道："老师，我还有一个好主意。我们可以把表演小姑娘的小朋友先藏在一块大布后边，然后唱到'白骨精变成小姑娘'时再把布放下。"

因为没有布，于是我脱下了自己的外套，给了灿灿小朋友，同时让她邀请了自己的好朋友进行表演，同样获得了小朋友们的认可。

孩子们的思路一下子被打开了，讨论得更加激烈了。

反思

在上一届孩子进行到这个环节时，是我代替孩子想出的办法，当时还觉得沾沾自喜，认为自己想的办法特别好。随着教育观的逐步转化，我意识到：孩子的创造力来自思考的弹性，孩子的思维发展需要经验的基础，只有自己不断地发现问题、分析问题、解决问题，才能更好地积累经验，运用到其他活动中。代替孩子思考无疑是剥夺了孩子思考与发展的权利。

体会

正如皮亚杰所说:"教育的基本目标是造就这样的人:他们具有进行新工作的能力,而不只是重复他人已经做过的事情——即那些富有创造性与创新性、善于发现的人。"

我们的幼儿园一直以来致力于开展的就是这样的创造教育,借助于自主探究式的学习方式,帮助孩子们形成创造性的思维品质。我们都知道知识是无穷无尽的,授之以鱼不如授之以渔。所以我们的教育目标是教会孩子们学习的方法,拥有解决问题的方法,养成良好的学习品质及行为习惯。

本章小结

幼儿音乐剧是综合性的艺术形式,能够全方位地展示幼儿的艺术素养。通过本章的学习明确了幼儿音乐剧能够大力推动情感教育、全面提升艺术素养、增强团队意识、全面认识事物、开发幼儿的想象力和创造性思维。本章还介绍了三个翔实的案例,通过案例可以了解到整个幼儿音乐剧具体的编排方法和注意事项。

讨论题

1. 说一说你对于音乐剧的理解。
2. 大致描述一下音乐剧的起源与发展。
3. 讨论幼儿园开展音乐剧教育的现实意义。
4. 分析一下幼儿音乐剧创编的步骤。
5. 说一说幼儿音乐剧排练的步骤和注意事项。

实训课堂

1. 请同学们结组分析一下案例一《赫赫的小牙刷》中的幼儿音乐剧创编方法,其优缺点是什么。
2. 请同学们结组分析一下案例二《拔苗助长》中的幼儿音乐剧创编方法,其优缺点是什么。
3. 请同学们结组分析一下案例三《打妖怪》中的幼儿音乐剧创编方法,其优缺点是什么。
4. 请你根据所学知识或上网收集相关资料,自由分成四组,分工设计幼儿音乐剧教案,内容限定为春夏秋冬四季,每组选定一个季节。

幼儿舞蹈创编与教学

学习导语

　　舞蹈是幼儿喜闻乐见的一种艺术形式,也是培养幼儿体、智、德、美全面发展的有效方式。幼儿舞蹈创编在幼儿舞蹈学习中发挥着开发幼儿舞蹈潜能的作用,幼儿舞蹈教学更是彰显幼儿教师综合能力的最佳形式。

　　通过本章的学习,了解舞蹈在幼儿教育教学活动中的重要地位,明确幼儿舞蹈的特性及幼儿舞蹈创编教师应具备的能力,了解幼儿舞蹈创编中容易出现的问题,掌握幼儿舞蹈创编的法则。学会舞蹈教学活动的组织和设计,学会解决舞蹈教育教学中的各种问题,学会分析评价幼儿的舞蹈教育教学活动,掌握幼儿舞蹈教学的基本方法和策略。最终能够研制和开发幼儿舞蹈课程。

教学目标

　　1. 了解幼儿舞蹈创编的基础知识。
　　2. 了解幼儿舞蹈教师应具备的能力、幼儿舞蹈创编中容易出现的问题、幼儿舞蹈创编应遵循的法则。
　　3. 掌握幼儿舞蹈教案的编写方法。
　　4. 掌握幼儿舞蹈教学法。
　　5. 掌握幼儿游戏舞蹈、幼儿即兴舞蹈、幼儿音乐律动舞蹈创编方法。

  知识篇

一、幼儿舞蹈创编

　　幼儿舞蹈创编在幼儿艺术教育活动中占有重要地位。它是幼儿舞蹈综合能力的体现,它可以培养幼儿感受美和表现美的能力,促进幼儿的创造力在美好的环境下得到开发和培养,为增强幼儿全面发展奠定基础。

（一）幼儿舞蹈创编基础知识

1．空间和舞蹈空间

空间可以分为高度、宽度、深度三个维度，它能够呈现出一个立体的形态与造型。它是无形的，环绕在我们周围。我们可以任意地构筑和呈现空间，如图6-1所示。

图6-1　幼儿舞蹈《石头 剪刀 布》剧照

舞蹈空间由六个部分组成：高度、方向、路线、幅度、个人空间和外部空间。动作和造型的高度可以分为三个：低、中、高。方向可以分为前后、左右、上下六个方向。路线可以分为地面路线和空中路线。幅度指的是动作的大小。个人空间是围绕在身体周围的空间。外部空间是个人空间以外可以舞动的空间。

2．舞蹈空间要素运用方法

（1）点、线、面

点是个体，线是由许多的点组成的，面是由线组成的。三者紧密相连，在舞蹈当中同等重要。例如，点可以是领舞演员，其他群舞演员可以形成线或者面，此时点是最核心、最重要的。

（2）对比与平衡

对比的舞蹈动作和队形，使画面有冲突感，主要是为了突出主体。舞蹈中的对比一般有高低、强弱、快慢、静止与流动等方面。平衡又分为对称平衡和不对称平衡。平衡又对称的舞蹈画面符合一般审美，使人感觉舒服。

（3）密集与分散

在舞蹈画面中，集中和密集的队形、造型等给人以力量感，分散又不规则的队形则多给人以灵活的感觉。

（4）对称与不对称

对称的舞蹈动作、造型、队形等是以某条线为轴，两边做相反或对应的动作。如以舞台对角线为轴，左右两边的舞者分别向前和后做相同的动作。不对称的舞蹈动作、造型、队形等则给人一种打破常规、活泼的感觉。

请大家分析图 6-2 至图 6-5 所示的图片是哪种空间要素。

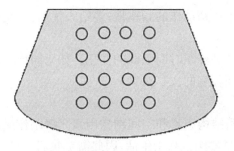
图6-2 正方形队形

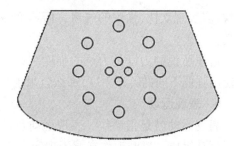
图6-3 圆形队形

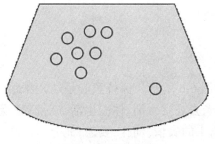
图6-4 不规则队形

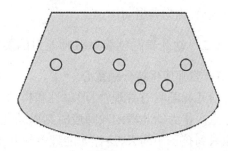
图6-5 S形队形

3．舞台调度

编排一个或多个演员舞蹈的位置、动作朝向、运动路线，就叫作"舞台调度"，也就是舞蹈动作和它所在空间的关系。

4．时间和舞蹈时间

时间是一个比较抽象的概念，它包括两个概念：时刻和时段。

舞蹈不仅是空间的艺术，也是时间的艺术。舞蹈是空间结构与时间结构相结合的艺术形式。舞蹈是动态的艺术，它的流动性就是时间。一个舞蹈作品表演的时间很短，大约5分钟，在这短暂的时间里，舞蹈编导需要根据主题合理编排好每个段落，以便表达出作品想要传达的内涵。

5．舞蹈时间要素

舞蹈时间的要素主要有节奏、速度和力度。

节奏的定义很广泛，在多维空间之中阶段性的变化称为节奏，它是一种连续进行、有规律的运动形式。我们熟悉的音乐节奏是指音乐运动中音的强弱和长短。而舞蹈的节奏是在音乐节奏的基础之上，将时间划分为力度、速度和幅度。每个舞蹈作品的节奏各不相同，它影响了整个舞蹈的风格特点。

在舞蹈作品中常见的舞蹈节奏有间隔节奏、均衡节奏等。间隔节奏是指ABA三段式的舞蹈节奏，可以是快慢快，也可以是慢快慢，中间的B起到间隔的作用，节奏的变化和对比使舞蹈产生戏剧性的效果。均衡节奏是始终保持一种节奏的节奏类型，在少儿舞蹈中经常使用，给人整齐、和谐、明朗的感觉。

我们通常说的速度是指物体运动的快慢。在舞蹈中，速度快就是指舞蹈动作的频率快，多表现欢快、愉悦的气氛；而速度慢是指舞蹈动作的频率慢，多给人优美、舒畅的感觉。

这里所说的力度是力量的强度。舞蹈力度是舞蹈时间强弱的变化。如果同样的动作使用强弱不同的舞蹈力度，那么效果也是大相径庭的。

6．表现运动

表现运动就是指动作。表现运动包括时间结构因素和空间结构因素。舞蹈作品由表现运动组成。舞蹈动作来源于现实生活，但是舞蹈也高于生活，因此需要我们去提炼、美化和加工这些动作，转变成舞蹈表现运动。舞蹈作品中会有具有代表性的反复出现的表现运动，称为典型动作。

（二）幼儿舞蹈创编对教师能力的要求

1．教师应保持一颗童心

幼儿舞蹈具有直观性、形象性和模仿性，如图6-6所示。保持童心是幼儿舞蹈创作的焦点。作为幼儿舞蹈教师应时刻以幼儿的眼光去观察生活，体验生活，应带着一颗童心深入到孩子中间去，这样才能理解幼儿流露出来的表情、动作、姿态，充分体现幼儿活泼可爱的一面，从而创编出富有幼儿特点和情趣的幼儿舞蹈。

图6-6 幼儿舞蹈《宝贝 宝贝》剧照

2．教师应具备舞蹈动作示范能力

舞蹈教学自古以来就是教师边讲解示范，学生边练习和体会。舞蹈教育的特点决定了每节课都应该是示范课，教师要精心设计教学步骤并进行典型示范教学内容，在这一过程中，对幼儿个体或群体造成无意识的影响，使良好的潜在因素潜移默化地影响他们。

另外，教师的教学内容也应安排得丰富多彩，如欣赏幼儿舞蹈、成人舞蹈，学习各民族舞蹈等，增加他们的舞蹈语汇，让他们最大限度地了解和掌握各种不同风格舞蹈的特点和动作要领。

作为教授幼儿舞蹈的教师，如果示范动作既标准又活泼生动，必然会给幼儿留下美好的印象,牢牢吸引他们的注意力,使其继续认真学习。

3. 教师应具备专业的舞蹈素养

作为一名幼儿舞蹈教师,不但要具备一定的舞蹈素质,还应具有广博的文化修养和其他知识修养。要不断地学习、丰富舞蹈知识,尽可能地多了解世界上的各种舞蹈,了解各类舞蹈的特点、风格,并做到会跳、会教。

利用业余时间多学习各类舞蹈的书籍资料,多参加专业舞蹈培训,多深入幼儿生活,全面了解幼儿身心特点,掌握创编的一般规律。有一定知识修养的教师才能上好幼儿舞蹈课,编创出更好、更适合幼儿年龄特征的舞蹈。

4. 教师应有丰富的想象力

丰富的想象力来源于知识的积累和创造力。教师一定要敢于想象,富有创造力。应不断丰富自己的舞蹈知识、文学知识、美术知识、音乐知识等。孩子是极富想象力的群体,教师编创作品不一定难度很高,但一定是符合孩子心理年龄的,如果过于呆板、没有活力,孩子们是不会喜欢和亲近教师的。

在教学中,引导孩子们走进舞蹈世界也需要丰富的想象力。教师给学生形象化的提示,引导学生如何去舞蹈,让学生认识到舞蹈的背景、形态、动律,才能更好地传授知识。

比如,藏族舞的基本动律中,膝部的屈伸、脚下左右移动带动身体左右自然地晃动,这种晃动不是扭胯,而是很自然的过程,没有刻意地去做。这时,教师就可以用"踢毽子"来形容它,踢毽子时膝盖自然弯曲,同时肋自然松弛沉懈到胯上,通过这种游戏方式让孩子们感觉藏族舞蹈的动律。

5. 教师应具备良好的语言表达能力

1) 生动和亲切

舞蹈教学对于幼儿舞蹈教师的语言表述要求是生动和亲切。首先,语言表达要生动。语言的生动对舞蹈教师来说是非常重要的,对于幼儿舞蹈教师而言就更为重要,因为它可以唤起幼儿的兴趣,减少舞蹈训练中的痛苦成分。舞蹈教师语言的生动主要是善于运用形象性语言。

比如在芭蕾课手位的学习中,教师可以把一到七位手的连贯动作比喻成切西瓜,一到三位手是举起一个大西瓜,四位手是右手切了一半,五位手是送给右边的小朋友吃,六位手是左手切一半,七位手是送给左边的小朋友吃。

其次,语言要亲切。舞蹈训练本来就带有一定的强制性,教师的语言如果过于生硬,神情过于严肃,幼儿非常容易发生情绪的抵触和心理的逆反。这就需要教师遵守启发与强制相统一的原则,并尽量使强制寓于启发之中。而要做到这一点,除了要具有一定的教学经验和修养外,更直接的表现就是语言,即使说批评教育的话,也要用亲切的语调。

2) 术语和要领

舞蹈术语是舞蹈教师必须掌握的语言,在教学中体现出专业性和严谨性。在幼儿舞蹈教学中,教师的语言既要有基本术语又要幼儿易懂,来达到最佳的学习效果。另外,幼

儿舞蹈教师应能说出常用身体部位的名称,要做到科学严谨地表达。

动作要领和规格的表达是舞蹈教师课堂上最重要的表达内容,往往直接影响着学习效果,教师如果能够表达清楚动作的要领和规格,幼儿会很快学会;反之,学生则很难学会。如藏族舞退踏步动作,要领是膝部松弛,保持小颤,踏地有声,节奏鲜明,规格是右脚向后踏一步,左脚原地轻踏一步,右脚向前重踏一步,退踏间隔一脚距离。

6. 教师应具备教学组织能力

幼儿舞蹈教师能根据所学的学前教育心理学的相关内容,通过区分幼儿的不同年龄、不同层次,选择灵活多变的教学、排练方法来组织他们,以引起他们的兴趣,这是在教学中必须具备的组织教学的能力。

7. 教师应具有纠正、评价能力

正确地观察、分析、判断、鉴赏舞蹈动作,是我们所需的教学能力之一。教师对幼儿的评价应以鼓励为主。在课堂教学中要为不同的幼儿提供不同展示自己的机会,并做出相应的以鼓励性评价为主的评价,激发他们的学习热情。

幼儿动作发展尚未成熟,很多孩子在学习之初的表现力离教师的要求总有一段距离;在活动中孩子的发展水平也有较大差异,有的孩子动作协调、乐感好,有的孩子可能学很久也跟不上节拍。教师的评价会对孩子产生直接的影响。因此,教师的评价必须是小心的、包容的和发自内心的,不仅要在语言上给孩子以积极的评价,而且在眼神、动作甚至是一个细微的表情上都要给孩子积极的情绪回应,以此来增强幼儿的自信心。

教师不仅要意识到幼儿的发展源于现在,还要学会用心欣赏每个孩子,认真观察、发现、挖掘孩子在活动中的亮点,时时把自己对孩子的欣赏用眼睛、语言、动作告诉每个孩子。只有这样,执教者才能随意洒脱、游刃有余;学习者才能如沐春风、轻松愉悦。

8. 教师应擅长启发学生

教师在教学中的主要任务是启发孩子对舞蹈的喜爱,提高孩子对舞蹈的兴趣,让孩子们快乐地舞蹈。

课前,教师可以准备一些与课堂相关的音乐、图片来激发幼儿的兴趣,调动幼儿的积极性。比如,今天的课程内容是维吾尔族舞蹈,教师可以准备一些维吾尔族服饰的照片和音乐,让幼儿了解维吾尔族的历史、文化、习俗。这些信息会唤起幼儿学习的兴趣和冲动,也让幼儿对维吾尔族舞蹈有了大概的了解。这样可以为教师的教学打下很好的基础。

课上,教师应该启发幼儿进行大胆的想象和创作,可以就一个主题展开一堂课,让幼儿自己进行创编。比如,今天课堂的主题是"森林的早晨",教师放着音乐,让孩子们随着音乐即兴舞蹈。在孩子们舞蹈时,教师可以给予引导、启发。比如,里面大量的舞蹈动作都是对动物动作的模仿。清晨的阳光照进森林,小鸟展翅飞、猴子滑下树、熊猫打滚、鸟抖羽毛……这样让孩子们在教师的提示下完成舞蹈,课堂会因此而生动,从而打破传统的舞蹈教学模式。

（三）幼儿舞蹈创编中容易出现的问题

1. 教师成为主导者，忽视孩子的主体性

在传统的舞蹈创编中，教师永远是主导者。动作一般由教师来编排，机械地、丝毫不差地教授给学生，学生在毫无生气的课堂中接受着教师的教育。

事实上，这样的创作模式压抑了孩子们的创造力、想象力。为何我们不能引导幼儿根据我们的创编需要进行即兴舞蹈呢？这样的创作既能调动幼儿的积极性，又能开发幼儿的创造力、想象力，同时教师也节约了很多时间，作品也更贴近幼儿。

比如，教师创作的内容是关于草原小牧民的，就可以通过教师的语言引导来激发孩子们的想象力。教师可以启发自编"小牧民德玛"的故事，在音乐的伴奏下把舞蹈情节用故事讲给孩子听，让孩子很快进入角色，仿佛自己就是"小德玛"了。这样很容易引发孩子们的兴趣，他们会自觉地跳起舞来。

这时需要教师用智慧的眼睛观察他们，看到他们动作的闪光处，捕捉有价值的动作、表现，并使之成为教师想要创作的内容，从而形成舞蹈作品，如图6-7所示。

图6-7　幼儿蒙古族舞蹈剧照

2. 过度专业化，忽视幼儿心理、生理特点

有些教师在创作幼儿舞蹈时，过度强调作品的专业性，而忽视了幼儿的生理、心理特点。有些教师在平时上课时就拿专业舞蹈教育的方法来要求幼儿，迫使幼儿在条条框框的规矩中学习舞蹈，从而使得学习舞蹈变成残酷的、丝毫没有兴趣和乐趣的事情。特别是那些腰、腿基本功的训练和要求，实际上对于孩子们的成长毫无意义。

每个幼儿都是具有鲜明个性的个体，教师在创编活动中应该尊重幼儿的个性，创作一些贴近幼儿生活的幼儿舞蹈作品。比如，表现幼儿日常生活、学习、游戏、玩乐的内容。舞蹈创作在动作上应该尽量简单，突出趣味性，让幼儿很容易掌握，这样在掌握基本动作以后才能进一步要求幼儿生动、完整地表现舞蹈作品。

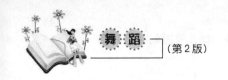

3．作品过于成人化，忽视了趣味性

幼儿舞蹈创作中要注意主题的选择，要避免选择深刻、成人化的主题，要选择适合幼儿年龄特点的主题。

幼儿舞蹈的主题应该是幼儿能够理解的，符合幼儿年龄特征的。比如，表现春游、课堂上的趣事、校园的乐于助人事件、科幻故事。避免那些比较抽象的主题，比如，思乡、忧郁等。例如：一些幼儿作品表现了战士的英姿，似乎它预示着我们祖国的繁荣，为我们有这样优秀的童子兵而感到无比自豪。可是这不是天真烂漫的幼儿应该具有的生活，战争的主题无疑会加重幼儿成长的心理负担。

有些作品虽然立意不错，具有一定的价值，但是动作过于呆板、单调，教师的编创方式又固守陈规，无法吸引幼儿积极投入舞蹈编排、创作中，这对于整个作品的编创是不利的。

幼儿是非常喜欢游戏的，切勿小看了游戏的作用，有时舞蹈作品就在游戏中产生。舞蹈编创可以用这种方式进行，相信我们可以创作无数这样有趣味性的舞蹈作品，孩子们也更能投入这样的舞蹈课堂中。

（四）幼儿舞蹈创编应遵循的法则

1．幼儿舞蹈创编的主题应适合幼儿的年龄特点

幼儿舞蹈应该尽可能地表达简单、鲜明的主题，这一原则还是为了适应幼儿身心的发展状况。一定年龄阶段的幼儿只能理解一定范围内的主题，过于深刻的主题不能理解，创作也没有意义。

对于幼儿来说，简单明晰的主题是最合适的，比如，表现学习、游戏、活泼、轻松的内容就相对容易一些。像恋爱、工作这样的主题显然是不适宜幼儿的。

2．幼儿舞蹈创编中应关注幼儿能力，益于幼儿成长

在幼儿舞蹈创编中，教师如果给予的内容太过深刻，幼儿是理解不了的。教师的教学内容一定要根据幼儿的年龄特点来设定，幼儿舞蹈创编一定要关注幼儿的身体和心理状况。盲目地追求节目内容的深刻和技巧的高深，是不利于幼儿健康成长的。

舞蹈作品一定要有健康、积极的主题。幼儿会从这种舞蹈作品中学会跟别人分享，学会与他人交流。它传递的是一种正能量，能促进幼儿身心的健康成长。而那些过于忧郁、深沉的主题，幼儿是不能正确理解的，还会影响他们的身心健康。

我们希望幼儿成长为积极向上的人。同时，我们也要让舞蹈成为一种教化幼儿完美人格的艺术手段。

3．幼儿舞蹈创编应具有游戏性和趣味性

幼儿的天性是爱玩的，课上只有充分地利用游戏的形式才能让幼儿全身心地投入到舞蹈的学习中。在舞蹈创编中，主题内容要具有趣味性、游戏性，这样才能吸引幼儿的注意力，否则会适得其反。

例如现在有些节目过于死板、缺乏趣味性，看上去死板、教条，让幼儿跳出专业舞者优美的肢体动作、高难度的技巧，这不仅没有必要，而且会让幼儿对舞蹈失去兴趣，使得

舞蹈作品本身失去童真、失去生命力。

幼儿本身的特点就是活泼好动的,不能把他们束缚在死板的教条中,一板一眼地做专业化的动作。幼儿舞蹈作品首先应该尊重幼儿成长的自然规律,充分发挥幼儿的天性,调动幼儿的兴趣,激发幼儿的潜能,使幼儿在自由、宽松的氛围中学习、创作舞蹈,感受真正意义上的艺术教育。

二、幼儿舞蹈教学

(一)幼儿舞蹈教学设计

教学设计是指对教学环节的每一项内容进行合理的安排。教学环节是指整个教学过程中有机的组成部分。舞蹈课的教学环节大体分为教学目标的设计,教学重、难点的设计,教学资源的设计,教学过程的设计以及教学评价的设计等。

在幼儿舞蹈教学中,教学设计是十分重要的,它对幼儿兴趣的培养,幼儿能否学会所教内容,以及幼儿各方面能力的提高,起着至关重要的作用。而教学设计的关键就是设计好教案。

(二)幼儿舞蹈教案

1. 教案的作用

教案即教学工作中的课时计划。教案是教师进行教学活动的依据,它关系到每次课(一般为 1~2 节)的具体安排和教学质量。

(1)认真设计教案可以帮助教师有计划地安排教学活动。

做任何工作都应有高度的计划性,教学工作也不例外,尤其是舞蹈教学。只有按照计划进行,才能克服教学工作中的盲目性,才能提高工作效率,不断改进教学工作和提高教学质量。如果不认真书写教案,在教学过程中教师必然目标模糊、心中无数、要求不当、随心所欲,不但教不会幼儿动作,也不可能取得好的教学效果。

(2)认真设计教案可以帮助教师理清思路。

备课是讲课的前提,是讲好课的基础。教案则是备课的具体表现形式,它可以反映教师在整个教学中的总体设计和思路,对幼儿舞蹈教学中各个环节把控起着极其重要的作用。

(3)认真设计教案可以帮助教师提高教学水平。

认真编写教案是提高教学水平的重要过程。教师编写教案是一个研究教学计划或教学大纲、教材、教学内容、教法以及研究幼儿等因素的综合过程。在这个过程中,教师既要研究幼儿所学的知识和技能,还要研究幼儿的生理、心理特点以及学习的状况等。

(4)教案也是教学督导的重要依据。

教案可作为检查和评价教师对幼儿教育各领域教学内容的熟悉程度、业务水平的高低及教学方法运用是否得当等方面的依据。

2．教案编写的要求

教案编写的要求具体如下。

（1）钻研大纲、教学内容，确定教学目标。

在钻研大纲、教材的基础上，掌握教材的基本思想，确定本次课的教学目标。教学目的一般应包括知识、技能和情感态度价值观等方面。教学目标的制订要具体、明确、便于执行和检查，还要根据教学大纲的要求、教材内容、教学方法、幼儿的能力和水平等实际情况而定。

（2）明确本次课的内容在整个教材中的地位，确定教学重点、难点。

所谓重点，是指关键性的知识，幼儿理解了它，其他问题就可迎刃而解。因此，不是说教材重点才重要，其他就不重要。

（3）选择合适的教学方法。

根据教学原则和教材内容，结合本班具体情况和幼儿特点选择教法。教法的选择必须充分重视和考虑集中幼儿的注意力，激发幼儿学习的兴趣。

（4）科学设计教学时间。

在编写教案前应充分考虑各环节教学所用时间，要科学安排，严格遵守。

（5）合理安排教学过程。

有效的教学过程设计应该富于变化、难度适中、连贯紧凑，使幼儿在学习过程中，既能够学习掌握一定的知识技能，又轻松愉快。

（三）幼儿舞蹈教学法

在幼儿舞蹈教学中，教学方法往往是启发幼儿参与学习和理解接受的重要因素。合理的教学方法，既符合幼儿年龄特点和接受能力，又能使课堂教学轻松愉悦；还能发挥幼儿在教学活动中的主体作用，激发幼儿学习舞蹈的兴趣。

1．启发法

启发法是指通过讲故事、听音乐、看视频等形式，引导幼儿观察、理解作品，激发幼儿思维、想象，并通过自己的感受和创造进行表现。

2．示范法

示范法是指教师规范地做出动作，让幼儿模仿学习。

3．讲解法

讲解法是指教师在示范动作的同时，用语言讲述动作的要领及做法，并在幼儿练习过程中不断提醒，从而使幼儿理解和感受舞蹈所表现的内容。

4．口令提示法

口令提示法是指教师在教学过程中，不停地数着节拍，不断地提示，帮助幼儿掌握动作。

5．游戏法

游戏法是指以游戏的形式进行舞蹈教学。多用于低龄幼儿的舞蹈学习，以便激发幼儿学习舞蹈的兴趣。

6．分解组合法

分解组合法就是把某一动作先拆分开学习,然后再组合在一起。如手脚动作拆分开或一组动作按顺序拆分学习。

7．练习法

练习法是指让幼儿反复做某一个或一组动作,教师根据动作要领进行指导。

8．分层教学法

分层教学法是指针对不同能力及水平的幼儿进行个别教学,根据幼儿在舞蹈学习中的个性差异因材施教。

（四）幼儿舞蹈教学活动中的注意事项

幼儿舞蹈教学活动中应注意以下事项。

（1）教师所站的位置要面向全体幼儿,要使每一个幼儿都能清楚地观察到教师。幼儿的位置、间距也要安排好,避免相互的触碰而分散幼儿的注意力。

（2）教师在教学中要不断示范。由于幼儿学习的过程是以模仿为主,因此教师适时的示范对幼儿学习是一种积极的引领。示范的过程要注意正面示范与镜面示范交替进行,使幼儿看清动作做法。示范的过程还要注意速度,开始要慢,待幼儿看清或学会动作后再逐渐加快。

（3）教师在练习的过程中要遵循先慢后快的原则,待幼儿动作熟练后再恢复原速。练习的过程中教师要有敏锐的观察力,能及时发现幼儿动作中的问题,及时纠正。

（4）教师在示范动作的过程中,要不断喊口令,也就是根据动作数节奏。口令的快慢、强弱直接影响着示范的效果,对动作中重点难点的突出也具有重要的作用。舞蹈动作是以八拍为一个单元,即根据音乐的节奏数八个数字。

喊口令也不单纯只是数数一种形式,还可以根据身体不同部位的名称、动作名称以及不同的方向（上、下、左、右、前、后等）,并结合音乐的节奏喊出来。如学习"踵趾步","踵"就是指脚跟,"趾"就是指脚尖。那么做这个动作时,就可以边做边喊成:"脚跟脚尖收回来"。

实践篇

一、幼儿游戏舞蹈创编

游戏是人类的一种社会文化现象,是人类的一种存在方式。对于幼儿来说,游戏是他们与成人世界建立连接的一种方式,体现着他们自身的存在。游戏模仿生活,反映现实,但是游戏过程中又加入了幼儿的想象和创造,不受自身条件的限制,能使幼儿体验到精神上的乐趣。

舞蹈属于人类审美活动的范畴,是艺术的种类之一。有学者认为,舞蹈起源于游戏。人类热爱游戏是一种天然的本性,使用手舞足蹈的方式表达心中的情感也是出于人类的天性,因此游戏与舞蹈存在着一种必然的联系。它们都源于人类的天性,并且有利于生理和心理的健康发展,发展个性,训练感觉和身体的灵活反应能力,培养互助合作、吃苦耐劳的良好品质,使人们在心理、生理、社交上获得快感,开发想象力和创造力。因此,游戏舞蹈创编符合人类自然发展规律,是训练幼儿舞蹈创编能力的一种高效方式。

(一) 模仿游戏创编

这里的模仿游戏是指幼儿找到周围感兴趣的人、事、物去模仿而产生的游戏。有时他们会模仿周围成人的某些举止动作、表情或者模做某件事情从而发展成为一种游戏,然后从中慢慢学会各种简单的规则,发展他们各方面的能力,如木偶戏、做饭等游戏。幼儿在模仿当中,进一步锻炼自己的某些社会生存技能,为今后的发展奠定良好基础。

利用模仿游戏的特性,幼儿舞蹈教师可以设定某些主题或特定情境,让幼儿通过模仿游戏来进行舞蹈的创编。幼儿舞蹈教师可以根据幼儿年龄特点给出模仿对象。很多幼儿喜欢小动物,也喜欢模仿它们,教师先提供实物或者相关的视频和图片,让幼儿仔细观察不同动物的典型动作,再跟他们一起总结出相关的要点,最终根据教师给出的音乐创编模仿该动物的舞蹈。例如,通过观察,教师和幼儿可以一起总结猫的动作特征,经过观察和思考,他们能总结出猫走路是静悄悄的,平时动作比较慵懒缓慢,有时特别机警,会用爪子洗脸,喜欢舔毛,等等。然后再让幼儿模仿猫做这些典型动作,要求每个人有自己的创意,避免重复。最后,根据自己创编的典型动作,给出的音乐,设计剧情,创编舞蹈。

幼儿舞蹈教师应选取幼儿喜欢的题材,以轻松欢乐地模仿游戏的形式进行教学,在整个创编的过程中让幼儿体会到创编的乐趣,这会使他们更加热爱舞蹈。

(二) 象征游戏创编

象征游戏也称作假装游戏或者表演游戏,是用一个替代物品来代替不在眼前的事物或情景,通过使用这个替代物品来扮演角色的方式,来模仿现实生活的一种游戏,如张开手臂跑步象征飞机在空中飞行等。这里所说的象征游戏的重要特征是"以物代物"。

根据象征游戏的特性,教师可以给出一些道具,如丝巾、手帕、扇子、铃鼓等,请幼儿根据给出的道具,与教师一起讨论它们可以运用在什么样的舞蹈当中,分别象征什么东西,再创编以道具象征某事物或情景的舞蹈短剧。

例如,在大班的舞蹈创编课堂上,幼儿舞蹈教师可以规定具体故事情境:一群戴着头巾的傣族少女和臂缠纱巾的傣族少年从远处翩翩而来,他们纷纷摘下头巾、纱巾,条条纱巾组成了一条小溪,他们在小溪边愉快地嬉戏玩耍,捕鱼捉虾,然后他们的头巾、纱巾又变成了小篓,装满鱼虾后他们心满意足地回家了。

在此次创编活动中,教师给出基本动作。

(1) 低展翅:一臂旁平位立掌屈肘,一臂胯前按掌屈肘,如图6-8所示。

(2) 高展翅:一臂胯旁按掌或提腕屈肘,一臂上位托手或提腕,如图6-9所示。

图6-8　低展翅　　　　　　　　　　图6-9　高展翅

（3）平展翅：双臂旁平位立掌屈肘，掌心向外，如图6-10所示。
（4）双抱翅：双臂上位屈肘，手背相对，如图6-11所示。

图6-10　平展翅　　　　　　　　　　图6-11　双抱翅

（5）合抱翅：一臂前平位屈肘提腕，一臂旁斜上位屈肘提腕，如图6-12、图6-13所示。

图6-12　合抱翅1　　　　　　　　　　图6-13　合抱翅2

（6）起伏步和旁点步：如图6-14～图6-17所示。

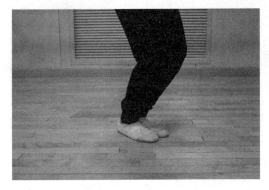

图6-14　起伏步1

图6-15　起伏步2

图6-16　起伏步3

图6-17　旁点步

（三）角色游戏创编

这里所说的角色游戏是指幼儿通过扮演日常生活或相关情景中见到过的人物,并在自己设定的情节中进行的一种游戏。需要幼儿具有创造性的想象。角色游戏通过模仿成人的言行,练习和发展人际交往能力。这里所说的角色游戏的重要特征是"以人代人"。

教师可以播放视频让幼儿观察、模仿各行各业的人,如警察、士兵、医生、教师、售货员、司机等,选取一些具有代表性和典型的动作特征进行舞蹈短剧的创编。

推荐创编练习剧情:爸爸妈妈带着孩子愉快地出门玩耍,孩子不小心摔伤了,家人把他（她）送到医院,医生为他（她）及时医治之后病情好转,大家再次开心地跳起舞来。

（四）规则游戏创编

规则游戏是指儿童按照共同制订的规则进行游戏,通常具有竞争性,需两名以上参与人员。规则游戏可以一直延续到成年期。

教师可以根据规则游戏的特性设定剧情让幼儿进行创编。例如,一群快乐的小朋友在离园之后来到操场上,有人拿出了一块手绢,于是他们玩起了丢手绢的游戏,过程中体现他们遵守规则、团结互助。根据给出的剧情,教师和幼儿集体讨论并创编规则游戏舞蹈。

游戏舞蹈创编灵活多样,适合幼儿的生理和心理特点,能够促进他们身心各方面的协调发展,开发想象力和创造力,提升舞蹈创编能力。

模仿游戏、象征游戏、角色游戏和规则游戏从不同方面锻炼了幼儿的创编能力,是相对有趣、方便、实用、高效的舞蹈创编学习方式。

摒除固有观念,以幼儿为本进行舞蹈教育,尊重人的自我意识和选择,开发人类的潜能,使他们能够欣赏舞蹈艺术的美,享受舞蹈艺术带给自身的快乐。

二、幼儿即兴舞蹈创编

即兴舞蹈简单地说就是在指定的音乐或命题中立即舞蹈。即兴舞蹈是一种表达自我的方式,也可以算是检验学习成果的方式。即兴舞蹈在一定程度上可以说是未经排练由心而发的非理性舞蹈。

(一)身体各部位的节奏

通过以下训练,可以在一定程度上提升即兴舞蹈的能力。

我们把身体分为四个部分:头颈、躯干、上肢和下肢。其中头颈包括头部和颈部。躯干是指胸、背和脊椎。上肢是由肩部、上臂、前臂和手部组成。下肢是由臀部、大腿、小腿和足部组成。

在音乐中,节奏是由音值的长短和强弱组成的音的关系。节奏有多种类型。我们可以使用身体不同部位的动作,比如头、手、脚等部位,来表现不同的节奏类型。在舞蹈艺术中,节奏能够表现出不同的动作组合,塑造人物形象,表现人物性格。

1. 头颈的节奏练习

教师给出一组节奏,让幼儿运用头部和颈部进行节奏的练习,并创编出一段相关的舞蹈短剧。

2. 躯干的节奏练习

教师给出一组节奏,让幼儿运用胸部和背部进行节奏的练习,并创编出一段相关的舞蹈短剧。

3. 上肢的节奏练习

教师给出一组节奏,让幼儿运用肩部、上臂、前臂和手部进行节奏的练习,并创编出一段相关的舞蹈短剧。

4. 下肢的节奏练习

教师给出一组节奏,让幼儿运用臀部、大腿、小腿和足部进行节奏的练习,并创编出一段相关的舞蹈短剧。

5. 给出特定场景、特定身体部位进行节奏的训练

(1)请教师播放一段音乐,幼儿结组用下肢动作表演在夏日艳阳里欢乐嬉水。

(2)请教师播放一段音乐,幼儿结组坐在地面上,用上半身的各部位表现吃饭的场景。

6. 给出特定音乐进行节奏的训练

（1）使用《幸福拍手歌》的节奏和音乐，运用身体某些部位，自由创编一段舞蹈。

（2）使用《数鸭子》的节奏和音乐，运用身体某些部位，自由创编一段舞蹈。

（二）情感动作练习法

情感是舞蹈艺术作品的灵魂。没有情感的舞蹈，不能算是舞蹈，只是一些动作的连接。情感动作是一个舞蹈作品的内在核心力量。通过训练情感动作可以使幼儿更好更快地理解和表现作品。情感动作的训练可以从两个方面来进行：身体动作和面部表情。

1. 身体动作

身体动作是有情绪的，是可以表达感情的。请大家试想一下观看足球比赛时，你支持的球队进球之后，你会做出什么样的动作？相信一定是振臂高呼，甚至是连蹦带跳的。振臂和蹦跳就是身体动作表达出的情感。

再试想一下，当你考试失利伤心难过时，你又会做出什么动作？可能是掩面哭泣、蜷缩身体等，这些也都是身体动作表现的情绪。

幼儿的身体动作没有经过太多的锤炼，趋于直接、原始和自然。教师可以有意识地加以训练，以达到舞蹈表演的程度。

2. 面部表情

这里所说的面部主要包括口部肌肉、颜面肌肉和眼部肌肉。面部表情特别能体现情绪，人们在开心时欢笑，嘴角上扬，难过悲伤时眼角、嘴角都会下垂。在面部当中，眼部和口部是最能体现情绪的。

1）面部的组成部分

（1）眉毛

在思考或忧愁时，我们一般会眉头紧锁；在高兴或兴奋时，会眉头舒展，眉开眼笑；愤怒或质疑的时候会竖起眉毛；在戏谑挑逗的时候，会挑眉。

（2）眼睛

眼睛是心灵的窗口。在开心欢笑时，我们一般会笑弯了眼睛。眼睛自然睁开，目视前方，显得坦荡无畏。眼神闪躲表示害怕、慌张或心虚。眼泪并不一定代表悲伤，喜极而泣，委屈或思念等都有可能流泪。在错愕、震惊的时候，我们有时会瞪圆眼睛。在羞愧、害羞的时候，眼睛会下垂，眼神躲避。在愤怒的时候，眼睛会睁大。

（3）鼻子

人在生气、愤怒的时候鼻翼一般会外扩，在紧张害怕的时候鼻翼会收缩。在轻蔑的时候会嗤之以鼻。

（4）口部

我们笑的时候嘴唇一般会朝外朝上扩展。在惊讶的时候，嘴巴会微张。在委屈、撒娇的时候，会撅嘴。在生气、愤怒的时候，嘴唇会内收。在悲伤、失望的时候，嘴角会下垂。

2）训练幼儿用面部表情表达情绪

训练幼儿用整体面部表情表现出喜、怒、哀、乐四种情绪。

我们把情绪分成六种：愉快、悲伤、恐惧、厌恶、愤怒、惊喜。

（1）愉快

① 教师引导幼儿做出愉快的表情，拍摄下来并展示给大家。

② 让幼儿回忆最近一次觉得愉快的事情，分享给大家，并即兴创编一小段相关的舞蹈动作。

（2）悲伤

① 教师引导幼儿做出悲伤的表情，拍摄下来并展示给大家。

② 让幼儿回忆最近一次觉得悲伤的事情，分享给大家，并即兴创编一小段相关的舞蹈动作。

（3）恐惧

① 教师引导幼儿做出恐惧的表情，拍摄下来并展示给大家。

② 让幼儿回忆最近一次觉得恐惧的事情，分享给大家，并即兴创编一小段相关的舞蹈动作。

（4）厌恶

① 教师引导幼儿做出厌恶的表情，拍摄下来并展示给大家。

② 让幼儿回忆最近一次觉得厌恶的事情，分享给大家，并即兴创编一小段相关的舞蹈动作。

（5）愤怒

① 教师引导幼儿做出愤怒的表情，拍摄下来并展示给大家。

② 让幼儿回忆最近一次觉得愤怒的事情，分享给大家，并即兴创编一小段相关的舞蹈动作。

（6）惊喜

① 教师引导幼儿做出惊喜的表情，拍摄下来并展示给大家。

② 让幼儿回忆最近一次觉得惊喜的事情，分享给大家，并即兴创编一小段相关的舞蹈动作。

特定练习：

（1）教师引导幼儿，使用欢乐和悲伤的情绪特征编创出 1 分钟的即兴舞蹈。

（2）教师播放指定的音乐，如《小白船》，让幼儿创编即兴舞蹈。

（三）想象力、创造力、表现力练习法

1．想象力

想象力是人们的脑部活动，是人在原有形象的基础上，在脑中构思出新的形象。比如当谈起"母亲"，在脑海中可能出现自己母亲的形象，也可能是影视剧中的母亲形象，或者其他舞蹈作品中的母亲形象。母亲们会说的话、会做的事情，她在不同情景下的表情、神态、动作等可能会陆续出现在你的脑海中，也许你还会勾勒出自己心中完美的母亲形象。这些都是你的想象力在发挥作用。

艺术想象力的培养需要舞者在生活中储备足够的知识,留心细致地观察生活中各种细节,对于极其平常的小事也不放过。即兴舞蹈需要表演者具有一定的想象力,通过给出的音乐和命题,快速地挖掘生活和学习中积累的各种资料,展开联想和想象,运用艺术化的肢体语言创造全新的舞蹈形象。

2．创造力

创造力是人类高级别的能力,考验着一个人的体力、智力等各方面综合素质。创造力能够产生新思想、新技术、新事物、新作品等。具有艺术创造力的人能够创造出新颖、具有艺术价值的新作品。

在即兴编舞中,需要使用肢体语言创造性地表现一定的情感内涵或者故事情节。舞蹈创造力的提升也需要平时大量的积累,积极主动开展创造性的思维,勇敢地去创作和展示。例如,在指定音乐即兴编舞中,教师可以播放一首音乐,同时启发幼儿由听到的音乐积极发挥想象力和创造力,通过肢体语言即兴地表达出音乐的内涵,让他们将音乐作品进行视觉化,将内心的联想、想象和情感进行外化。

3．表现力

艺术表现力通常是指艺术的感染力,包括作品当中的韵味、节奏、情感与内涵等。舞蹈艺术的表现力不是简单的肢体动作的表达,而是一种综合能力的体现,需要对于舞蹈表演有激情。提升即兴舞蹈的表现力,需要教师不但要做好对于幼儿的情感动作的训练,而且要做好内心情感和感受的表演训练。

想要从根本上提升表现力,需要教师平时让幼儿多看多想多实践。

（1）教师提供相关素材,让幼儿充分发挥想象力、创造力和表现力,结组创编一段模仿袋鼠搬家的即兴舞蹈。

（2）教师提供相关素材,让幼儿充分发挥想象力、创造力和表现力,结组创编一段风雨中走吊桥的人们的即兴舞蹈。

（3）教师提供相关素材,让幼儿充分发挥想象力、创造力和表现力,使用道具伞,结组创编一段关于拿伞的行人的即兴舞蹈。

（4）教师提供相关素材,让幼儿充分发挥想象力、创造力和表现力,使用道具纱巾,结组创编一段表现在河边玩耍的即兴舞蹈。

三、幼儿音乐律动创编

律动是身体在音乐的伴奏下进行有规律的动作。音乐律动的创编内容可以是单一动作的模仿,也可以是几个动作的组合,还可以在音乐的伴奏下,全身心地投入这一活动中,按照自己的想象,根据音乐的特点和歌词,编出各种动作。

（一）音乐中的舞蹈要素

音乐与舞蹈的关系密不可分。在舞蹈艺术当中,舞蹈表演占主导地位,音乐起到烘托气氛,为舞蹈更好地表达内涵服务的作用。但是在音乐律动中,音乐占主导地位,音乐决定着主题、节奏、情绪等方面,以舞蹈为基础的律动成为了辅助表现音乐的工具,音乐中的舞蹈律动这一要素主要是为了表达音乐的内涵服务。

教师可以给出一段音乐,让幼儿尝试用手拍身体不同部位进行简单的律动创作。练习过程中,注意由易到难,主要培养音乐和动作的节奏感,或是给出踏步、踵步、碎步等简单舞步进行律动创作,如图6-18～图6-23所示。

图6-18 拍肩

图6-19 拍脚

图6-20 踏步1

图6-21 踏步2

图6-22 踵步1

图6-23 踵步2

（二）柔和与抒情音乐中的身体律动

在音乐中，小调式适合表现柔和、婉转的音乐风格。柔和又抒情的音乐令人舒适、放松，怀着轻松、淡然的心情比较容易融入音乐中投入感情，如钢琴曲《献给爱丽丝》《秋日的私语》《水边的卡狄丽娜》等。

在柔和与抒情音乐中的律动，身体动作的幅度可以加大，动作的力量可以减小，动作的速度可适当放慢，尽量多地运用高、中、低各部分空间去表现和抒发情绪。律动动作可以分为上肢和下肢动作的创编，也可以模仿自然界中的动、植物或者是生活之中的人、事、物等。在柔和与抒情的音乐之中，比较适合创编模仿动作较慢的动物，表现生活中温馨、和谐的人、事、物的画面。

教师可以给出不同性质、节拍和速度的音乐，让幼儿创造性地表演猫咪、孔雀或者老虎等动物的动作。在创编中感受柔和与抒情的音乐和舞蹈的特点，如图 6-24 ~ 图 6-26 所示。

图6-24　模仿猫1　　　　　图6-25　模仿猫2　　　　　图6-26　模仿孔雀

（三）喧闹与激情音乐中的身体律动

大调式音乐多表现欢快活泼、热烈流畅的音乐风格，如《国际歌》，给人庄严、雄伟的感觉。喧闹与激情的音乐富有动感，有很强的感染力，只要听到身体就会不由自主地随之律动起来。

在喧闹与激情的音乐中的律动，身体动作的幅度和力量可以加到最大，动作的速度可加快，尽量多地运用高空间去表现和抒发情绪。在喧闹与激情的音乐之中，比较适合创编模仿动作较快的动物，表现生活中开心快乐的人、事、物的画面。

教师可以让幼儿尝试在喧闹与激情的音乐中模仿正在战斗的士兵的动作和情境，进行简单的律动创作。在创编中感受喧闹与激情的音乐和舞蹈的特点，如图 6-27 ~ 图 6-29 所示。

图6-27　敬礼　　　　　　图6-28　正步1　　　　　　图6-29　正步2

四、教案的具体内容及写法

（一）教学（活动）目标

（1）知识与技能目标：是指在学习过程中幼儿应该学习的知识内容和学习程度，以及在学习过程中幼儿应提升哪些能力。

（2）情感态度与价值观：是指本节课学习内容对学生意志、品质的锻炼与培养。

（二）教学（活动）重点、难点

所谓重点、难点是相对的，其中重点包括难点。教学重点是指一节课中主要学习哪些内容、解决哪些问题；教学难点是指教学重点内容中，最难学习的内容或最难解决的问题，包括幼儿容易误解和不容易理解的内容。

（三）教学（活动）准备

心理准备：是指幼儿前期具备的知识经验和相关技能，如听过哪些故事，了解过哪些知识，欣赏过哪些舞蹈，学习过哪些动作等。

教学用具：教学中所需要的音乐、视频、电脑、钢琴、头饰、各种道具及环境场地等。

（四）教学（活动）过程

1．导入

导入的方式有很多种，可以从讲故事、欣赏音乐或做游戏开始；也可以从回忆或观察开始；还可以从复习基本动作、复习队形或创编新动作开始。总之要结合所教授的内容，选择适当的形式进行设计。

2．复习

复习环节主要是针对幼儿前期学过的，本节课仍要用到的动作进行练习，使幼儿达到熟悉动作做法，掌握动作要领，提高身体技能的目的。

3．完整示范

在学习之前，教师要将所学舞蹈组合完整示范给幼儿，使幼儿对舞蹈有一个完整的

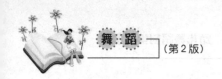

印象,同时还要将舞蹈的名称、风格特点、表现的内容一一介绍给幼儿,激发幼儿学习的兴趣和愿望。

4. 学习新内容

学习新内容主要是针对本节课要学习的新动作及本节课要学的重点内容,可以是动作,也可以是队形,教授过程中要体现教学方法、教学步骤;突出本节课教学难点的教授,要体现运用什么样的方法、策略,如何解决问题等。

此外在学习的过程中还要针对某一动作不断练习,加强巩固,使幼儿能够学会并掌握动作。

5. 复习

这一环节与前面复习的环节不同,其主要内容是针对所有组合动作进行练习,反复串联,最终使幼儿熟练掌握舞蹈动作。练习过程中同样要求体现教学方法,避免枯燥地反复,使幼儿在愉快、有趣的状态下进行学习,最终能够完整表现出整套组合动作,实现教学目标。

(五)教学(活动)评价

教学评价是指对本节舞蹈课中幼儿的学习效果,以及教师自身教学效果的一种总结和归纳。主要分析目标的完成情况,重点、难点的教授及解决情况,教学过程中教法的体现,以及幼儿在舞蹈教学活动过程中的表现,及对所学内容的掌握情况等。评价方式应灵活多样,且有较强的目的性和可操作性。

五、教案实例

(一)案例一

班级:大班

活动名称:学习舞蹈《我爱洗澡》

1. 活动目标

(1)能在舞蹈中协调配合做动作,并正确变换位置,动作协调性及配合能力得到发展。

(2)能灵活运用舞步、队形、道具三种舞蹈元素,进行幼儿舞蹈组合的练习。

(3)培养幼儿节奏感,学会自己数拍子,理解歌词大意。

(4)让幼儿在教学活动中感受到舞蹈的乐趣,培养幼儿合作意识和审美情趣。

2. 重点、难点

(1)重点:能跟着音乐完整地跳下来这个舞蹈,教师可以适当地提醒。

(2)难点:在熟练动作的基础上变换队形。

3. 活动准备

(1)知识经验准备:幼儿以前听过《我爱洗澡》这首歌曲,学习过踏步和小碎步。

(2)物质材料准备:腕铃。

4．活动过程

1）导入

通过提问的形式：

（1）我们在运动之后就会出很多的汗，我们怎么办？——洗澡

（2）那洗澡对我们的身体有什么好处呢？——可以讲卫生，把细菌洗掉／对皮肤好／可以让我们变漂亮。

（3）今天我们就来学习舞蹈《我爱洗澡》。

2）复习

（1）踏步：复习两遍

① 第一遍：跟着教师一起原地踏步，双手叉腰。

要求：双腿尽量抬平，脚面绷起。

② 第二遍：请一个幼儿带着大家一起做，教师数拍子。

要求：幼儿跟着一起做动作，双腿尽量抬平，脚面绷起。

2）小碎步：复习两遍

① 第一遍：跟着教师一起原地做小碎步，双手叉腰。

要求：速度可以慢一点，小碎步做标准。

② 第二遍：请一位幼儿带着大家一起做，教师数拍子。

要求：速度加快，并跟上节奏。

3）新课

（1）教师跟随音乐完整示范一遍舞蹈

要求：

① 请幼儿认真观察洗澡的动作。

② 看完后模仿两个舞蹈中的动作。

（2）学习新动作

① 学习娃娃步。

第一遍：教师带着幼儿先做一遍手臂、头的动作，边做边讲解。

第二遍：教师带着幼儿做一遍腿的动作，边做边讲解。

第三遍：教师带着幼儿将头、手臂、腿的动作结合起来，边做边提醒动作要领。

② 学习手腕转动。

第一遍：教师带着幼儿向上做一遍手腕转动。

第二遍：教师带着幼儿向下做一遍手腕转动。

第三遍：教师带着幼儿向左做一遍，左手臂伸直，右手臂在胸前自然弯曲平行。

第四遍：教师带着幼儿向右做一遍，右手臂伸直，左手臂在胸前自然弯曲平行。

第五遍：教师带着幼儿上、下、左、右连起来，各做两遍。

要求：手的位置准确，动作连贯。

（3）分步骤学习组合动作

① 学习第一组动作。

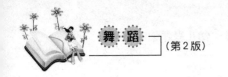

动作一：分两队面对面，踏步向中间走两个8拍。

动作二：双手叉腰，向1方向踏步转过来，原地踏步两个8拍。

将动作一和动作二连起来反复练习3遍。

② 学习第二组动作。

动作三：做4个娃娃步，左右各两个。

动作四：双脚原地小碎步，双手五指并拢手心朝里放在头两侧，头稍低，上身自然弯曲，然后双腿立正不动，头抬起，左右各往旁边点两下。

将第三个动作和第四个动作连起来反复练习3遍。

③ 学习第三组动作。

动作五：做4个娃娃步，左右各两个。

动作六：双腿并齐，双手合十做小鱼状，跟随节奏向上、向下游动。

将第五个动作和第六个动作连起来做一遍。

④ 教师带着幼儿从第一个动作到第六个动作连起来做两遍。

⑤ 学习第四组动作。

动作七：上、下、左、右各转动手腕两次。

动作八：边齐步走边转动方向，幼儿两两面对面握手3次。

动作九：上、下、左、右各转动手腕两次。

动作十：小碎步转回来面对教师，同时双手平伸，手心朝上在前方画半圆，手放身体两侧，双腿往左右各半蹲4次。

⑥ 教师带着幼儿从第七个动作到第十个动作连起来做两遍。

(4) 完整串联

① 教师带领幼儿从头到尾连起来做两遍。

② 请两位幼儿上台领舞，教师在后面观察和纠正。

③ 给幼儿带上道具腕铃做两遍。

4) 结束

教师带领幼儿做拉伸活动，放松身体，结束课程。

(二) 案例二

班级：大班

活动名称：学习舞蹈《种太阳》

1. 活动目标

(1) 培养幼儿身体肌肉控制能力和平衡能力。

(2) 在复习后踢步的基础上，学习跑跳步动作，初步掌握第一段舞蹈动作。

(3) 培养幼儿用活泼、优美的舞蹈动作和愉快的情绪来表现自身对歌曲的感受。

(4) 培养幼儿树立从小努力做事的思想。

2. 重点、难点

(1) 重点：学习跑跳步。

(2) 难点：在学习跑跳步时解决幼儿吸腿跳颠的动作。

3．活动准备

(1) 知识经验准备：对太阳有初步了解。

(2) 物质材料准备：《种太阳》视频。

4．活动过程

1) 导入

通过提问形式：

(1) 春天是播种的季节，你们都有什么愿望呀？

(2) 有一名幼儿的愿望很特别，他的愿望到底是什么呢？让我们来听一听，看一看。

教师播放视频《种太阳》，借助生动的画面增强形象性，视听结合，让幼儿初步感受音乐的节奏与情感。

2) 复习

后踢步（三遍）

第一遍：要求幼儿注意跳的时候腿向后上方踢。

第二遍：要求幼儿跳起来加上手的动作。

第三遍：要求幼儿有节奏地合音乐做动作。

3) 新课

(1) 教师完整示范舞蹈

要求：

① 请幼儿仔细观看教师跳舞蹈。

② 请幼儿看看哪些动作是以前学过的。

(2) 学习新动作

跑跳步—拍一步。第一拍左脚向前踏出，同时右腿屈膝向上抬起，脚尖向下。第二拍左脚原地跳掂一步。

① 教师带领幼儿先分解学习动作。

② 幼儿掌握后再连续做。

③ 加上手的动作，手脚配合练习。

(3) 分步骤学习组合动作

① 学习第一组动作。

要求：双脚并拢，左右腿交替做屈膝动作。

要求：手臂屈肘要端平，手臂向上举起要伸直。

手脚配合练习。

② 学习第二组动作。

要求：后踢步动作要绷脚，落地时用前脚掌。

要求：手臂伸出去要平。

手脚配合练习。

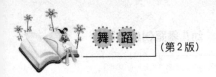

③ 第一组动作与第二组串联练习。

④ 学习第三组动作。

要求：跑跳步要注意吸腿时跳颠步动作。

要求：屈膝时,手臂要伸直,由下向上打开。

手脚配合练习。

⑤ 第一组、第二组、第三组动作串联练习两遍。

⑥ 学习第四组动作。

要求：踵趾步脚尖勾起,脚跟点地。

要求：拍手动作要拍齐。

⑦ 将以上4组动作都串联练习三遍。

(4) 完整串联组合动作三遍

第一遍：要求幼儿动作连贯。

第二遍：练习时请幼儿认真听节奏。

第三遍：要求幼儿有表情地表演舞蹈组合。

4) 结束

教师带领幼儿做拉伸活动,放松身体,结束课程。

(三) 案例三

班级：大班

活动名称：学习舞蹈《你笑起来真好看》

1．活动目标

(1) 提高幼儿的活动积极性,使幼儿在积极的氛围中学到知识。

(2) 根据歌词内容做出对应的舞蹈动作。

(3) 学会用笑容的力量去面对生活中的事情。

2．重点、难点

(1) 重点：根据歌词的内容做出相应的动作,并将整首歌曲连贯起来,完成整支舞蹈动作。

(2) 难点：让幼儿懂得用笑容的力量对待事情。

3．活动准备

(1) 知识经验准备：观察周围人的笑容,并形容你看到别人的笑容时的心情,以及自己笑时的感觉。

(2) 物质材料准备：每人一面小镜子。

4．活动过程

1) 开始部分

(1) 播放歌曲《你笑起来真好看》。

请幼儿拿出准备好的小镜子,观察自己的笑容,并请每个人形容自己笑起来时的心情。请幼儿观察周围人的笑容,并形容自己看到别人笑时的心情。教师总结笑容在我们平时生活中的影响。

(2) 教师带领幼儿进行舞蹈的热身动作。

2) 基本部分

(1) 教师完整示范一遍整个舞蹈。

(2) 分段落分步骤教学。

将歌曲内容分为四段,根据每段的词意解析动作,并引导幼儿进行想象。

① 第一段。

歌词:想去远方的山川

上肢:双手向上高于头顶,指尖轻触,掌心相对。

下肢:下肢向前走一步。先迈左脚,再迈右脚。

随后身体向左微微倾斜一下,再向右微微倾斜一下。

歌词:想去海边看海鸥

上肢:先落下右手臂伸直,与肩同高,掌心向下。

再落下左手臂,伸直与肩同高,掌心向下。

随后做展翅飞翔的动作,上下摆动两次。

歌词:不管风雨有多少

上肢:双手臂向上伸直,手掌张开,轻轻抖动,从上到下。

下肢:跟随上肢做一个蹲起的动作。

歌词:有你就足够

上肢:右手掌并拢置于左胸口,左手掌并拢置于右胸口。

随后微微低头。

② 第二段。

歌词:喜欢看你的嘴角

上肢:先将右手食指放在右边嘴角,再把左手食指放在左边嘴角。

随后头向右边微点一下,再向左边微点一下。

歌词:喜欢看你的眉梢

上肢:先将右手食指放在右边眉尾,再把左手食指放在左边眉尾。

随后头向右边微点一下,再向左边微点一下。

歌词:白云挂在那蓝天

上肢:双手臂向上,手掌高于头顶,掌心向上,腕部接近不触碰,成托举状,并转一圈。

歌词:像你的微笑

露齿笑,并转两圈。

③ 第三段。

歌词:你笑起来真好看

上肢:双手臂伸直向前,与肩同高,伸出食指,并指向前方。再同时收回,将双手食指放在嘴角两旁。

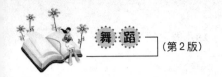

下肢：双腿随食指放在嘴角旁时，向下微微屈膝再站直。

歌词：像春天的花一样

上肢：双手掌呈花朵状，手掌并拢托于下颌两侧。随后身体旋转一圈。

歌词：把所有的烦恼所有的忧愁

上肢：先将右手从胸口处向外划出至手臂伸直，再将左手从胸口处向外划至手臂伸直。

歌词：统统都吹散

上肢：身体微微前倾，双手掌向上打开，放于嘴前。

随后口中吹气，手掌向外划开至手臂伸直。

④ 第四段。

歌词：你笑起来真好看

上肢：双手臂伸直向前，与肩同高，伸出食指，并指向前方。再同时收回，将双手食指放在嘴角两旁。

下肢：双腿随食指放在嘴角旁时，向下微微屈膝再站直。

歌词：像夏天的阳光

上肢：右手掌并拢，掌心向下，置于额头。左手放于身后，臀上方。

随后身体左摆一下，右摆一下。

歌词：整个世界全部的时光

上肢：双臂展开，呈翅膀飞翔状。

下肢：以自身周围半米为圆圈，跑动一圈。

歌词：美得像画卷

上肢：掌心向上，双手臂交叉由胸前划动至手臂伸直，随后手臂自然垂下。

(3) 教师带领练习。

① 每句动作解析完成，由教师带领幼儿一起，重复练习每句的动作三到五遍。

② 随后由教师带领幼儿一起重复练习每段舞蹈的连贯动作三到五遍。

③ 最后由教师带领幼儿一起重复练习整首舞蹈的连贯动作至相对熟练。

(4) 幼儿展示。按照每句、每段、整首的节奏带领幼儿重复练习后，教师停止带领，请幼儿独立进行集体展示。教师对幼儿的动作进行指导纠正，并对难点进行多次指导示范。

(5) 完整排练。由教师带领，跟随音乐进行整个舞蹈的排练。

(6) 幼儿独立表演完整的舞蹈。最后幼儿集体自行跟音乐进行舞蹈排练，教师指导纠正。直至幼儿能够熟练连贯地完成整支舞蹈。

3) 结束部分

教师带领幼儿做简单的拉伸放松动作后，结束本课的教学。

本章小结

本章主要介绍了幼儿舞蹈创编和教学的一些基础知识。作为幼儿舞蹈教师,应具备一定的知识、能力和素养,才能创作出好的作品,用正确的方法教给幼儿,使幼儿享受舞蹈本身带来的快乐。在创编幼儿舞蹈时,教师应注意遵循创作的规律和原则,避免常见的问题,才能创作出好的作品。

讨论题

1. 幼儿舞蹈创编对教师能力的要求有哪些?
2. 幼儿舞蹈创编应遵循的法则是什么?
3. 幼儿舞蹈创编中容易出现的问题有什么?
4. 幼儿舞蹈教案编写有哪些要求?
5. 幼儿舞蹈教学活动中的注意事项有哪些?
6. 请你说一说什么是空间、时间和表现运动。
7. 什么是舞蹈空间和舞蹈时间?
8. 你学会用肢体语言表现空间和时间了吗?
9. 舞蹈空间和时间的基本要素是什么?
10. 分析幼儿舞蹈作品《我可喜欢你》中的舞蹈空间、时间和表现运动。
11. 请通过欣赏国家民委、文化部联合主办的"第二届全国少数民族优秀舞蹈作品展演"蒙古族群舞《爷爷们》,尝试理解和分析舞蹈空间,结组进行讨论。(搜索关键词:爷爷们 蒙古族舞蹈)
12. 请通过欣赏国家民委、文化部联合主办的"第二届全国少数民族优秀舞蹈作品展演"藏族群舞《白马女人歌》,分析舞蹈当中的节奏、速度和力度,然后结组讨论。(搜索关键词:白马女人歌 藏族舞蹈)
13. 分别欣赏藏族歌曲《洗衣歌》和《卓玛》,体验两首歌曲节奏的快与慢,并说说你对于节奏快慢的感受。
14. 请欣赏国家民委、文化部联合主办的"第二届全国少数民族优秀舞蹈作品展演"藏族独舞《倾城》和藏族群舞《梦·宣》,体验舞蹈速度与力度的变化,并说说你对于这两个舞蹈中速度和力度的理解。(搜索关键词:倾城 梦·宣 藏族舞蹈)
15. 请欣赏国家民委、文化部联合主办的"首届全国少数民族优秀舞蹈作品展演"维吾尔族群舞《摘葡萄》,结组讨论舞蹈中具代表性的表现运动。(搜索关键词:摘葡萄 维吾尔族群舞 首届全国少数民族优秀舞蹈作品)

实训课堂

1. 调度练习

通过下面给出的舞蹈动作和步伐与同学们一起进行单人调度练习、双人调度练习和小组调度练习。

蒙古族舞蹈基本动作：

(1) 手位。

(2) 硬腕：双手有力度地提压腕。

(3) 揉臂：以肩背肌肉推动锁骨、肩胛骨、肋骨在体侧做画圆动律，同时手臂做旁大波浪。动作时，肩背发力，肘、腕、手指连续揉起，一气呵成。

(4) 硬肩：一肩在前，一肩在后，同时相互交换，动作干脆利落有棱角。

(5) 松肩：双肩同时上下耸肩。

(6) 踏跐步：（以右脚先为例）右脚抬起稍离地，同时左脚全脚落地半蹲，第二拍右脚前脚掌着地膝盖伸直，左脚稍离地膝盖伸直。行进过程中，膝盖保持弹性。

(7) 软骑马步：（以向左侧行进为例）上身向右斜后方靠，左手臂前平位勒马，半握拳，右手叉腰，左脚尖点在右脚足弓处，腿部屈伸两次，同时左手勒马两次，然后再换反面。

(8) 吸腿跑马步：与吸跳步相似，左脚向前迈出踏地，然后轻轻跳起，同时右腿前小吸腿，再反复反面动作。

(9) 平步：如同平步走路，但又不同于平步走路，它要求挺胸、立腰、后背挺直，双肩随同步伐前后自然晃动，男性全脚着地，以显示质朴、稳健、粗犷的风格，女性则以前脚掌着地走路，以显示轻盈、活泼的风格。

2. 请根据以下给出的基本步伐，结组创编快节奏的藏族踢踏舞

藏族踢踏舞步伐如下。

(1) 退踏步：双脚自然位站立，右脚半脚掌点地后踏一小步，左脚原地踏一步，右脚向前踏一步。（图6-30和图6-31）。

图6-30　退踏步1

图6-31　退踏步2

(2) 基本步：（以右脚先为例）双脚自然位站立，吸右腿到左腿膝盖内侧时带左腿小跳一次，然后右左右平踏三步（图 6-32 ～图 6-35）。

图6-32　基本步1　　　　　　　　图6-33　基本步2

图6-34　基本步3　　　　　　　　图6-35　基本步4

(3) 抬踏步：（以右脚先为例）右大丁字位站立，抬右腿时左脚也小跳一下，右脚原地落下踏地，左脚向左大丁字位再重重踏出一步。在动作过程中，应保持膝盖部位放松，一直小颤，踏地时应有力度，能听到明显的响声，如图 6-36 ～图 6-38 所示。

图6-36　抬踏步1　　　　图6-37　抬踏步2　　　　图6-38　抬踏步3

3．命题创编

选择以下一个命题结组创编一组舞蹈动作进行简单的模仿和表现。

（1）动植物类

猴子、大象、青蛙、企鹅、大树、树叶、小草、花等，如图6-39～图6-41所示。

图6-39　荷花

图6-40　鱼池

图6-41　玉兰花

（2）自然现象

风、雨、雪、雷、电、彩虹、北极光、龙卷风等。

（3）人类活动

摘花、钓鱼、种菜、牧羊、打篮球、游泳、下棋等。

4．请根据以下给出的维吾尔族舞基本动作，结组创编以摘葡萄为主题的舞蹈组合

（1）手位

① 叉腰位：双手放在腰前，手掌伸直手指上翘，手心向下，指尖相对，拇指指地，如图6-42所示。

② 提裙位：双手放在旁斜下位,微屈肘,手指放松的兰花指手型,如图 6-43 所示。

图6-42　叉腰位

图6-43　提裙位

③ 立腕横手：双手放在旁平位,立腕屈肘,手指放松的兰花指手型,如图 6-44 所示。

④ 脱帽位：一手于旁斜上托手,一手于脑后脱帽,如图 6-45 所示。

图6-44　立腕横手

图6-45　脱帽位

(2) 步伐

① 女进退步：自然位踏脚,右脚向前迈一步,左脚原地踏一步,右脚后退一步,左脚原地踏一步,迈步时保持一脚距离。动作时注意身体平稳不上下窜,图 6-46～图 6-48。

图6-46　女进退步1

图6-47　女进退步2

图6-48　女进退步3

② 男进退步：自然位半蹲准备，右脚向前踵步，左脚原地平踏一步，右脚脚掌着地后退一步，左脚原地平踏一步。动作时一样要注意身体平稳，如图6-49～图6-51所示。

图6-49　男进退步1　　　　　图6-50　男进退步2　　　　　图6-51　男进退步3

③ 三步一停：自然位踮脚，向前或向后迈三步，停一拍。男生向前行进时是全脚。动作时注意身体平稳，不上下窜，如图6-52～图6-54所示。

图6-52　三步一停1　　　　　图6-53　三步一停2　　　　　图6-54　三步一停3

附录 3—6岁儿童学习与发展指南——艺术领域

说　明

一、为深入贯彻《国家中长期教育改革和发展规划纲要（2010—2020年）》和《国务院关于当前发展学前教育的若干意见》（国发〔2010〕41号），指导幼儿园和家庭实施科学的保育和教育，促进幼儿身心全面和谐发展，制定《3—6岁儿童学习与发展指南》（以下简称《指南》）。

二、《指南》以为幼儿后继学习和终身发展奠定良好素质基础为目标，以促进幼儿体、智、德、美各方面的协调发展为核心，通过提出3—6岁各年龄段幼儿学习与发展目标和相应的教育建议，帮助幼儿园教师和家长了解3—6岁幼儿学习与发展的基本规律和特点，建立对幼儿发展的合理期望，实施科学的保育和教育，让幼儿度过快乐而有意义的童年。

三、《指南》从健康、语言、社会、科学、艺术五个领域描述幼儿的学习与发展。每个领域按照幼儿学习与发展最基本、最重要的内容划分为若干方面。每个方面由学习与发展目标和教育建议两部分组成。

目标部分分别对3—4岁、4—5岁、5—6岁三个年龄段末期幼儿应该知道什么、能做什么，大致可以达到什么发展水平提出了合理期望，指明了幼儿学习与发展的具体方向；教育建议部分列举了一些能够有效帮助和促进幼儿学习与发展的教育途径与方法。

四、实施《指南》应把握以下几个方面。

1．关注幼儿学习与发展的整体性。儿童的发展是一个整体，要注重领域之间、目标之间的相互渗透和整合，促进幼儿身心全面协调发展，而不应片面追求某一方面或几方面的发展。

2．尊重幼儿发展的个体差异。幼儿的发展是一个持续、渐进的过程，同时也表现出一定的阶段性特征。每个幼儿在沿着相似进程发展的过程中，各自的发展速度和到达某一水平的时间不完全相同。要充分理解和尊重幼儿发展进程中的个别差异，支持和引导他们从原有水平向更高水平发展，按照自身的速度和方式到达《指南》所呈现的发展"阶梯"，切忌用一把"尺子"衡量所有幼儿。

3．理解幼儿的学习方式和特点。幼儿的学习是以直接经验为基础，在游戏和日常生活中进行的。要珍视游戏和生活的独特价值，创设丰富的教育环境，合理安排一日生活，最大限度地支持和满足幼儿通过直接感知、实际操作和亲身体验获取经验的需要，严禁"拔苗助长"式的超前教育和强化训练。

4. 重视幼儿的学习品质。幼儿在活动过程中表现出的积极态度和良好行为倾向是终身学习与发展所必需的宝贵品质。要充分尊重和保护幼儿的好奇心和学习兴趣,帮助幼儿逐步养成积极主动、认真专注、不怕困难、敢于探究和尝试、乐于想象和创造等良好学习品质。忽视幼儿学习品质培养,单纯追求知识技能学习的做法是短视而有害的。

艺　术

艺术是人类感受美、表现美和创造美的重要形式,也是表达自己对周围世界的认识和情绪态度的独特方式。

每个幼儿心里都有一颗美的种子。幼儿艺术领域学习的关键在于充分创造条件和机会,在大自然和社会文化生活中萌发幼儿对美的感受和体验,丰富其想象力和创造力,引导幼儿学会用心灵去感受和发现美,用自己的方式去表现和创造美。

幼儿对事物的感受和理解不同于成人,他们表达自己认识和情感的方式也有别于成人。幼儿独特的笔触、动作和语言往往蕴含着丰富的想象和情感,成人应对幼儿的艺术表现给予充分的理解和尊重,不能用自己的审美标准去评判幼儿,更不能为追求结果的"完美"而对幼儿进行千篇一律的训练,以免扼杀其想象力与创造力的萌芽。

(一) 感受与欣赏

目标1　喜欢自然界与生活中美的事物

3—4 岁	4—5 岁	5—6 岁
1. 喜欢观看花草树木、日月星空等大自然中美的事物 2. 容易被自然界中的鸟鸣、风声、雨声等好听的声音所吸引	1. 在欣赏自然界和生活环境中美的事物时,关注其色彩、形态等特征 2. 喜欢倾听各种好听的声音,感知声音的高低、长短、强弱等变化	1. 乐于收集美的物品或向别人介绍所发现的美的事物 2. 乐于模仿自然界和生活环境中有特点的声音,并产生相应的联想

教育建议:

1. 和幼儿一起感受、发现和欣赏自然环境和人文景观中美的事物。如:
   - 让幼儿多接触大自然,感受和欣赏美丽的景色和好听的声音。
   - 经常带幼儿参观园林、名胜古迹等人文景观,讲讲有关的历史故事、传说,与幼儿一起讨论和交流对美的感受。
2. 和幼儿一起发现美的事物的特征,感受和欣赏美。如:
   - 让幼儿观察常见动、植物以及其他物体,引导幼儿用自己的语言、动作等描述它们美的方面,如颜色、形状、形态等。
   - 让幼儿倾听和分辨各种声响,引导幼儿用自己的方式来表达他对音色、强弱、快慢的感受。

- 支持幼儿收集喜欢的物品并和他一起欣赏。

目标2　喜欢欣赏多种多样的艺术形式和作品

3—4岁	4—5岁	5—6岁
1．喜欢听音乐或观看舞蹈、戏剧等表演 2．乐于观看绘画、泥塑或其他艺术形式的作品	1．能够专心地观看自己喜欢的文艺演出或艺术品,有模仿和参与的愿望 2．欣赏艺术作品时会产生相应的联想和情绪反应	1．艺术欣赏时常用表情、动作、语言等方式表达自己的理解 2．愿意和别人分享、交流自己喜爱的艺术作品和美感体验

教育建议:

1．创造条件让幼儿接触多种艺术形式和作品。如：
- 经常让幼儿接触适宜的、各种形式的音乐作品,丰富幼儿对音乐的感受和体验。
- 和幼儿一起用图画、手工制品等装饰和美化环境。
- 带幼儿观看或共同参与传统民间艺术和地方民俗文化活动,如皮影戏、剪纸和捏面人等。
- 有条件的情况下,带幼儿去剧院、美术馆、博物馆等欣赏文艺表演和艺术作品。

2．尊重幼儿的兴趣和独特感受,理解他们欣赏时的行为。如：
- 理解和尊重幼儿在欣赏艺术作品时的手舞足蹈、即兴模仿等行为。
- 当幼儿主动介绍自己喜爱的舞蹈、戏曲、绘画或工艺品时,要耐心倾听并给予积极回应和鼓励。

(二) 表现与创造

目标1　喜欢进行艺术活动并大胆表现

3—4岁	4—5岁	5—6岁
1．经常自哼自唱或模仿有趣的动作、表情和声调 2．经常涂涂画画、粘粘贴贴并乐在其中	1．经常唱唱跳跳,愿意参加歌唱、律动、舞蹈、表演等活动 2．经常用绘画、捏泥、手工制作等多种方式表现自己的所见所想	1．积极参与艺术活动,有自己比较喜欢的活动形式 2．能用多种工具、材料或不同的表现手法表达自己的感受和想象 3．艺术活动中能与他人相互配合,也能独立表现

教育建议:

1．创造机会和条件,支持幼儿自发的艺术表现和创造。
- 提供丰富的便于幼儿取放的材料、工具或物品,支持幼儿进行自主绘画、手工、歌唱、表演等艺术活动。
- 经常和幼儿一起唱歌、表演、绘画、制作,共同分享艺术活动的乐趣。

2．营造安全的心理氛围,让幼儿敢于并乐于表达表现。如：
- 欣赏和回应幼儿的哼哼唱唱、模仿表演等自发的艺术活动,赞赏他独特的表现方式。
- 在幼儿自主表达创作过程中,不做过多干预或把自己的意愿强加给幼儿,在幼儿需要时再给予具体的帮助。
- 了解并倾听幼儿艺术表现的想法或感受,领会并尊重幼儿的创作意图,不简单用"像不像""好不好"等成人标准来评价。
- 展示幼儿的作品,鼓励幼儿用自己的作品或艺术品布置环境。

目标 2　具有初步的艺术表现与创造能力

3—4 岁	4—5 岁	5—6 岁
1. 能模仿学唱短小歌曲 2. 能跟随熟悉的音乐做身体动作 3. 能用声音、动作、姿态模拟自然界的事物和生活情景 4. 能用简单的线条和色彩大体画出自己想画的人或事物	1. 能用自然的、音量适中的声音基本准确地唱歌 2. 能通过即兴哼唱、即兴表演或给熟悉的歌曲编词来表达自己的心情 3. 能用拍手、踏脚等身体动作或可敲击的物品敲打节拍和基本节奏 4. 能运用绘画、手工制作等表现自己观察到或想象的事物	1. 能用基本准确的节奏和音调唱歌 2. 能用律动或简单的舞蹈动作表现自己的情绪或自然界的情景 3. 能自编自演故事,并为表演选择和搭配简单的服饰、道具或布景 4. 能用自己制作的美术作品布置环境、美化生活

教育建议:

尊重幼儿自发的表现和创造,并给予适当的指导。如:

- 鼓励幼儿在生活中细心观察、体验,为艺术活动积累经验与素材。如观察不同树种的形态、色彩等。
- 提供丰富的材料,如图书、照片、绘画或音乐作品等,让幼儿自主选择,用自己喜欢的方式去模仿或创作,成人不做过多要求。
- 根据幼儿的生活经验,与幼儿共同确定艺术表达表现的主题,引导幼儿围绕主题展开想象,进行艺术表现。
- 幼儿绘画时,不宜提供范画,特别不应要求幼儿完全按照范画来画。
- 肯定幼儿作品的优点,用表达自己感受的方式引导其提高。如"你的画用了这么多红颜色,感觉就像过年一样喜庆""你扮演的大灰狼声音真像,要是表情再凶一点就更好了",等等。

参 考 文 献

[1] 皮亚杰.儿童的心理发展 [M].傅统先,译.山东：山东教育出版社,1982.
[2] 王克芬.中国舞蹈发展简史 [M].上海：上海人民出版社,1989.
[3] 黄式茂.幼儿舞蹈教学指导 [M].上海：上海音乐出版社,1990.
[4] 隆荫培,徐尔充,欧建平.舞蹈知识手册 [M].上海：上海音乐出版社,1999.
[5] 黄定宇.音乐剧概论 [M].北京：中国戏剧出版社,2003.
[6] 刘焱.儿童游戏通论 [M].北京：北京师范大学出版社,2004.
[7] 金秋.舞蹈编导学 [M].北京：高等教育出版社,2006.
[8] 陶文忠.学科教学中创造能力培养的理论与实践 [M].北京：北京师范大学出版社,2007.
[9] 秦金亮.儿童发展概论 [M].北京：高等教育出版社,2008.
[10] 李季湄.幼儿教育学基础 [M].北京：北京师范大学出版社,2009.
[11] 王印英.舞蹈 [M].北京：高等教育出版社,2011.
[12] 慕羽.音乐剧艺术与产业 [M].上海：上海音乐出版社,2012.
[13] 张屹,杨秀敏,吴雪梅.舞蹈基础 [M].北京：北京师范大学出版社集团,2012.
[14] 陈康荣.幼儿舞蹈训练与幼儿舞蹈创编 [M].杭州：浙江大学出版社,2012.
[15] 蔡艳.舞蹈 [M].武汉：武汉理工大学出版社,2012.
[16] 李季湄,冯晓霞.3—6岁儿童学习与发展指南——解读 [M].北京：人民教育出版社,2013.
[17] 谢飞.舞蹈动作开发与编舞技法教程 [M].上海：上海音乐出版社,2013.
[18] 翟理红.学前儿童游戏教程 [M].上海：复旦大学出版社,2013.
[19] 徐小平.中国民族舞蹈编创法 [M].北京：中央民族大学出版社,2013.
[20] 金秋.舞蹈与幼儿舞蹈创编 [M].郑州：郑州大学出版社,2013.
[21] 白国芬,李哲.幼儿舞蹈欣赏与创编 [M].北京：清华大学出版社,2015.
[22] 张春河.幼儿舞蹈创作实用教程 [M].2版.上海：复旦大学出版社,2017.
[23] 弋黎,晁世奇.幼儿舞蹈创编 [M].北京：航空工业出版社,2019.
[24] 朴红梅.舞蹈与幼儿舞蹈创编 [M].2版.北京：高等教育出版社,2019.
[25] 陈康荣.幼儿舞蹈训练与幼儿舞蹈创编 [M].3版.杭州：浙江大学出版社,2019.

推荐网站：
1．中国舞蹈网站
2．北京市教育委员会网站
3．国家精品课程资源网站
4．北京市精品课程资源网站
5．互动百科 http://www.baike.com/wiki/ 安代舞
6．深圳舞蹈网 http://www.szwudao.com/article-19094-1.html
7．民俗文化网 http://www.mswhw.cn/msfl/jzms/20071157377.html
8．中华舞蹈网 http://www.zhwdw.com/fenlei/minzu/6/81875.shtml
9．松原文化网 http://www.syhwhw.org.cn/yywdjxh/
10．3edu 教育网 http://y.3edu.net/yywd/2516.html
11．我爱舞蹈网 http://www.woaiwudao.com/news/?22114.html
12．中国舞蹈网 http://www.chinadance.cn/article-20124-1.html
13．领舞网 www.05005.com